CYBERNETICA MESOPOTAMICA

Electronic Data Processing of Mesopotamian Materials
Prospectus of Series in the Collection

MECHANISMS

EM	Encoding Manuals

DATA

DSC	Data Sets: Cuneiform Texts
DSA	Data Sets: Artifactual Materials

RESULTS

Categorization

GC	Graphemic Categorization of Cuneiform Texts
HICAT	Historical Categorization of Cuneiform Texts
AAC	Artifactual Attributes Categorization

Analysis

GAC	Graphemic Analysis of Cuneiform Texts
MLA	Morpholexical Analysis of Akkadian Texts
SCA	Syntactical and Compositional Analysis of Akkadian Texts
HAC	Historical Analysis of Cuneiform Texts
IFAM	Iconographic and Formal Analysis of Mesopotamian Materials

Published under the auspices of
IIMAS
The International Institute for Mesopotamian Area Studies

CYBERNETICA MESOPOTAMICA

Electronic Data Processing of Mesopotamian Materials
Edited by Giorgio Buccellati

Analisi elettronica del cuneiforme:
Componente italiana di Cybernetica Mesopotamica
a cura di Claudio Saporetti

Published under the Auspices of
IIMAS
The International Institute for Mesopotamian Area Studies

DSC2

Data Set: Cuneiform Texts, Volume Two

LE LEGGI MEDIOASSIRE

by
Claudio Saporetti

Electronic Data Processing by
Eugenio Picchi & Manuela Sassi

Undena Publications
Malibu 1979

Research made possible through grants from

Consiglio Nazionale delle Ricerche, Roma
The National Endowment for the Humanities, Washington, D. C.
The Research Committee, The University of California, Los Angeles
Ambassador-International Cultural Foundation, Pasadena

Research, programming and data processing carried out at

Istituto per gli Studi Micenei ed Egeo Anatolici, Roma
Laboratorio di Linguistica Computazionale, Pisa
The Institute of Archaeology, The University of California, Los Angeles
Office of Academic Computing, The University of California, Los Angeles

Research projects

CAM—Computer Aided Analysis of Mesopotamian Materials

An international project, including data storage and processing, categorization and analysis of texts and artifacts. It is a part of *IIMAS, The International Institute for Mesopotamian Area Studies*

MAP—Mesopotamian Area Program

A component of *CAM*, based at the Institute of Archaeology, University of California, Los Angeles; directed by G. Buccellati

ALTAN—Analisi Linguistica dei Testi Assiri e Nuziani

The Italian component of *CAM*, directed by C. Saporetti, based at the Istituto per gli Studi Micenei ed Egeo-Anatolici.

DSC2 is the second volume published within the framework of *ALTAN*.

ISBN: 0-89003-036-7

a Ninetto e alla Bruna

INDICE

PREMESSA

Una nuova pubblicazione delle Leggi Assire di per sé non si giustificherebbe, dopo i tanti lavori che vi sono stati dedicati.

Ed infatti questo nostro non vuole essere una riedizione "sic et simpliciter". Esso trova la sua ragione nella riconsiderazione generale di tutto il <u>corpus</u> medioassiro alla luce dell'analisi linguistica eseguita con il calcolatore elettronico.

Ma anche indipendentemente dalle ragioni che hanno portato a questa riconsiderazione delle leggi potrà essere utile, crediamo, la presentazione di un testo completo di trascrizione con la traduzione in lingua italiana, che intende sostituire quella ormai vecchia del Furlani, oltre all'aggiornamento che tiene conto degli ultimi studi e frammenti pubblicati.

La trascrizione è quella su cui abbiamo fatto intervenire il computer; è ovvio che le integrazioni sono spesso prive di un'assoluta certezza; quelle che abbiamo adottato sono comunque le più sicure, o almeno le più probabili. Per le integrazioni troppo incerte abbiamo preferito mantenere il vuoto, presentando le ipotesi in sede di commento; e su queste il computer non è intervenuto.

La traduzione italiana, che ci auguriamo utile anche agli studiosi del Diritto antico, è stata fatta cercando di seguire il più possibile (ma talvolta non è stato proprio possibile) il testo originale, anche a costo di mantenere le stesse ripetizioni e magari anche gli stessi anacoluti. Per questa ragione abbiamo cercato di seguire nella traduzione anche i tempi dei verbi assiri, rinunciando ad un costante presente.

Il commento, fatto per ogni articolo di legge, o a più articoli quando omogenei, non ha la pretesa di sostituirsi agli studi precedenti: già esistono ampi commentari a cui riferirsi, soprattutto nell'opera di Driver e Miles, che rimane sempre il lavoro fondamentale, ed in quella del Cardascia, l'ultima in ordine di tempo che tratta delle leggi nel loro insieme, ed a cui ci siamo sostanzialmente rifatti.

Ma, si vedrà, esistono punti in cui abbiamo voluto riportare una nostra opinione discordante da quante espresse finora, non sempre necessariamente sostitutiva, ma almeno alternativa.

Anche per questo, speriamo, il lavoro avrà la sua utilità e la sua ragione.

Ho discusso alcuni punti dibattuti con il Professor Karlheinz Deller, e lo ringrazio sentitamente per i consigli che mi ha dato e per il tempo che mi ha dedicato.

La memorizzazione e lo studio delle Leggi sono stati eseguiti nel 1976 e 1977 presso l'allora Divisione Linguistica (ora Laboratorio di Linguistica Computazionale) del CNUCE di Pisa e l'Istituto per gli Studi Micenei ed Egeo-Anatolici di Roma.

La messa a punto definitiva del lavoro è stata eseguita a Pisa, tra il 1978 e il 1979. A Eugenio Picchi e Manuela Sassi, che hanno curato lo studio delle procedure per l'elaborazione elettronica, va tutta la riconoscenza dell'autore.

BIBLIOGRAFIA

La Bibliografia delle edizioni, trascrizioni, traduzioni e studi è contenuta in Cardascia, Les lois assyriennes (Paris 1969), 13-18, divisa in due parti: "Fonti" e "Studi". Le "Fonti" sono a loro volta divise in A.: Copie dei testi assiri, B.: Sole trascrizioni, C.: Trascrizioni, traduzioni e commenti, D.: Trascrizioni e traduzioni, E. Sole traduzioni. Tale divisione facilita moltissimo la ricerca e ad essa rimandiamo per una visione facile ed immediata dei vari tipi di lavoro che sono stati effettuati dagli studiosi. Qui sotto, sia per evitare una pedissequa ripetizione della bibliografia data dal Cardascia, sia per dare una visione completa dello svolgersi ed evolversi degli studi, accogliamo un suggerimento di K. Deller presentando la bibliografia secondo l'ordine cronologico, ed aggiungendo naturalmente le citazioni dei lavori editi dal 1969 in poi.

Le abbreviazioni, quando ci sono, corrispondono a quelle della Keilschriftbibliographie della rivista Orientalia. Il lavoro del Cardascia (ved. qui sotto, al N. 84) è citato più volte nel testo con il solo nome dell'autore.

Alla bibliografia riportata vanno aggiunte le numerose citazioni in AHw e CAD, su cui ved. un nostro elenco in OA 8/2 (1969), 172 sg. (valido naturalmente fino al 1969).

1.1920 Schroeder, O., Keilschrifttexte aus Assur verschiedenen Inhalts (= 35. Wissenschaftliche Veröffentlichung der Deutschen Orient-Gesellschaft). Leipzig 1920. [Photostatischer Nachdruck durch die Fa.Otto Zeller, Osnabrück, für Ende 1969 angekündigt]. [Nr. 1-6, 143-144, 193: Editio princeps di A-J].

2.1920 Jirku, A., Eine neue altassyrische Parallele zum Mosaischen Gesetz und zum Codex des Hammurapi: Theologisches Literaturblatt 26 (Leipzig 1920), 401-405.

3.1920 Meissner, B., Die altassyrische Schwagerehe: Orientalistische Literaturzeitung 23 (Leipzig 1920), 246-248 [su A Par. 30-31].

4.1920 Peiser, F. E., Zur altassyrischen Schwagerehe: Orientalistiche Literaturzeitung 23 (Leipzig 1920), 248-249 [Gn 38 ed A Par. 30-31].

5.1921 Jacob, E., Die altassyrischen Gesetze und ihr Verhältnis zu den Gesetzen des Pentateuchs. 4 p. Breslau 1921 [estratto della Tesi; ved. N. 22].

6.1921 Jastrow, M., An Assyrian Law Code: Journal of the American Oriental Society 41 (1921) 1-59 [traduzione inglese di A e B. Introduzione e commentario filologico].

7.1921 Koschaker, P., Quellenkritische Untersuchungen zu den "altassyrischen Gesetzen" (= Mitteilungen der Vorderasiatisch-Aegyptischen Gesellschaft 1921, 3. 26.Jahrgang). 84 p. Leipzig 1921.

8.1921 Lewy, J., Das Verbum in den "altassyrischen Gesetzen". Mit besonderer Berücksichtigung von Schrift-, Lautlehre und Syntax. Inauguraldissertation zur Erlangung der Doktorwürde genehmigt von der Philosophischen Fakultät der Friedrich-Wilhelms-Universität zu Berlin= "Untersuchungen zur akkadischen Grammatik, I", Berliner Beiträgen zur Keilschriftforschung, Band I, Heft 4, herausgegeben von Erich Ebeling. 96 p. Berlin 1921.

9.1921 Scheil, V., Recueil de lois assyriennes. Texte assyrien en transcription avec traduction française et index. 125 p. Paris 1921. [trascrizione e traduzione francese di A, B, C]. Recensione: A. Condamin, Recherches de Science religieuse 12 (1922), 117-124.

10.1921 Tallqvist, K., Old Assyrian Laws (= Översikt av Finska Vetenskaps-Societetens Förhandlingar, Bd. LXIII, 1920-1921, Avd. B, N. 3). 41 p. Helsingfors 1921 [traduzione inglese di A e B, Introduzione e note filologiche].

11.1922 Ehelolf, H., Ein altassyrisches Rechtsbuch, übersetzt von Hans Ehelolf. Mit einer rechtsgeschichtlichen Einleitung von Paul Koschaker (= Mitteilungen aus der Vorderasiatischen Abteilung der Staatlichen Museen zu Berlin. Herausgegeben im Auftrag des Generaldirektors. Heft I). 45 p. Berlin 1922. [traduzione tedesca di A; collazioni]. Recensione: A Ungnad, Orientalistische Literaturzeitung 25 (Leipzig 1922) 445; C. Bezold, Literarisches Zentralblatt für Deutschland, Leipzig 1922, 291.

12.1922 Maynard, J. A., The Assyrian Law Code: Journal of the American Oriental Society 6 (1922) 17-20.

13.1923 Testaud, G., Condition juridique de la femme dans le droit assyrien de 1400 à 1200 avant J.-C.: Revue algérienne, tunisienne et marocaine de législation et de jurisprudence, t.36/37, année 1921 (Alger 1923) 289-312.

14.1923 Schorr, M., Pomnik prawa staroassyryjskiego: Archiwum Towarzystwa Naukowego we Lwowie II/I/6 (Lwow 1923) 5-44 [trascrizione e traduzione polacca di A, B, C].

15.1923-1924 Lie, A. G., Gamle assyriske love: Videnskapsselskapets Skriften; II. Hist.-Phil. Klasse. Oslo 1923, 5 e 1924, 4-65 [trascrizione e traduzione norvegese di A, B, C].

16.1924 Cavaignac, E., Le code assyrien et le recrutement: Revue d'Assyriologie et d'Archéologie Orientale 21 (Paris 1924) 59-65 [Su A Par. 36 e 45; B Par. 1].

17.1924 Furlani, G., Leggi assire, art.15 e leggi hittite, art. 197-198: Rivista degli studi orientali 10 (Roma 1924) 293-314.

18.1924 Lewy, J., TC 100, LC 242 und das Eherecht des altassyrischen Rechtsbuchs: Zeitschrift für Assyriologie 36 = Neue Folge 2 (Berlin e Leipzig 1924) 139-161.

19.1925 Cruveilhier, P., Le lévirat chez les Hébreux et chez les Assyriens: Revue biblique 34 (Paris 1925) 524-546.

20.1925a Furlani, G., Il diritto penale in Assiria: Archivio giuridico "Filippo Serafini" 93 (Modena 1925) 114-132.

21.1925b Furlani, G., Di una procedura non contenziosa nelle leggi assire: Rivista di diritto processuale civile 2 (1925) 157-160.

22.1925 Jacob, E., Die altassyrischen Gesetze und ihr Verhältnis zum Pentateuch: Zeitschrift für vergleichende Rechtswissenschaft 41 (Stuttgart 1925) 319-387 [Dissertazione; ved. N. 5, 1921].

23.1926-1930 Cruveilhier, P., Recueil de lois assyriennes: Le Muséon 38 (Louvain 1926) 189-242; 39 (1927) 326-344; 40 (1928) 1-30; 41 (1929) 1-48; 42 (1930) 1-156 [traduzione francese].

24.1926 Ebeling, E., Altassyrische Gesetze, in: Gressmann, Hugo, Altorientalische Texte zum Alten Testament. 2. Aufl. (Berlin e Leipzig 1926) 412-422 [traduzione tedesca di A].

25.1926 Ring, E., Israels Rechtsleben im Lichte der neuentdeckten assyrischen und hethitischen Gesetzesurkunden. Stockholm-Leipzig 1926.

26.1927 Cruveilhier, P., Le droit de la femme dans la Genèse et le Recueil de Lois assyriennes: Revue biblique 36 (Paris 1927) 350-376.

27.1928 Koschaker, P., Neue keilschriftliche Rechtsurkunden aus der El-Amarna-Zeit (= Abhandlungen der Sächsischen Akademie der Wissenschaften. Phil.-hist.Klasse, Bd.39, N. 5). X-184 p. Leipzig 1928. Recensione: M. San Nicolò, ZSSR 49, 531 sg.

28.1929 Cuq, É., Études sur le droit babylonien, les lois assyriennes et le droit hittite. 522 p. Paris 1929. [pp.432-456]. Recensione: E. Chiera, AJSL 48, 194.

29.1929 Furlani, Giuseppe, Leggi dell'Asia anteriore antica. Roma 1929 [pp.92-113 traduzione italiana di A, B, C].

30.1931 Luckenbill, D. D. - Geers, F. W., in: Smith, J.M.P., The Origin and History of Hebrew Law (Chicago 1931) 223-243 [traduzione inglese di A, B, C].

31.1931 MacDonald, E. M., The Position of Women as Reflected in Semitic Codes of Law. Toronto 1931.

32.1931 San Nicolò, M., Beiträge zur Rechtsgeschichte im Bereich der keilschriftlichen Rechtsquellen. Oslo 1931.[p. 45-46, 87-94 e 112-113].

33.1933a Koschaker, P., Fratriarchat, Hausgemeinschaft und Mutterrecht in Keilschriftrechten: Zeitschrift für Assyriologie 41 = Neue Folge 7 (Berlin e Leipzig 1933) 1-89 [p. 23 su A Par. 31; p. 73-74 su A Par. 25, 26 e 29; p. 85-87 su A Par. 26, 30, 33, 99 e 101].

34.1933b Koschaker, P., Zum Levirat nach hethitischem Recht: Revue hittite et asianique 2 (Paris 1933) 77-89 [p. 80-82 su A Par. 46].

35.1934 David, M., Vorm en Wezen van de Huwelijkssluiting naar de Oud-Oostersche Rechtsopvatting. Leiden 1934.

36.1934 Jacobsen, T., A Letter from Eshunna and an Assyrian Law, in: Jacobsen, Th., Philological Notes on Eshnunna and its Inscriptions (= Assyriological Studies, 6). Chicago 1934. The University of Chicago Press; pp.29-35 [Su C Par. 2].

37.1934 Oppenheim, [A.] Leo, Zur Quellenfrage des mittelassyrischen Rechtsbuches (I. Der Aufbau des Werkes. II. Die "leges geminatae". III. Die Glossierung des Textes. IV. Charakterisierung der Vorlagen. V. Zusammenfassung): Wiener Zeitschrift zur Kunde des Morgenlandes (Wien 1934) 221-260 [Cf. P. Koschaker, = Nr. 7].

38.1935 Driver, G. R. - Miles, J. C., The Assyrian Laws (= Ancient Codes and Laws of the Near East. 2). XXIV-534 p. Oxford 1935. Reprint with supplementary addictions and corrections by G.R. Driver, Aalen 1975. Recensione: M. San Nicolò, OLZ 39 (1936) 512; C.J. Gadd, JRAS 1936, 293; E.A. Speiser, JAOS 56, 107; H.W.F. Saggs, BLOT 1977, 93-94.

39.1935 Korošec, V., Položaj žene po pravu asirske pravne knjige, Ljubljana 1935.

40.1937a Korošec, V., Art. Ehe: C) in Assyrien, in: Reallexikon der Assyriologie, Bd.II (Berlin e Leipzig 1937) 286-293.

41.1937b Korošec, V., Die Ususehe nach assyrischem Recht: Orientalia NS 6 (Roma 1937) 1-11 [su A Par. 34].

42.1939a David, M., Zwei Bestimmungen über die Binnenschiffahrt in mittelassyrischer Zeit: Jaarbericht van het Vooraziatisch-Egyptisch Gezelschap "Ex Oriente Lux" 6 (Leiden 1939) 135-137 [su M Par. 1 e 2].

43.1939b David, M., Zur Verfügung eines Nichtberechtigten nach den mittelassyrischen "Gesetzesfragmenten": Symbolae ad Iura Orientis Antiqui pertinentes Paulo

Koschaker dedicatae (= Studia et Documenta ad Iura Orientis Antiqui pertinentia, vol. II. Leiden 1939), 121-140 [su A Par. 6; C+G Par. 5 e 6; F Par. 1 e 2; M Par. 3].

44.1939 Landsberger, B., Die babylonischen Termini für Gesetz und Recht: Symbolae ad Iura Orientis Antiqui pertinentes Paulo Koschaker dedicatae (= Studia et Documenta ad Iura Orientis Antiqui pertinentia, Vol. II. Leiden 1939), 219-234.

45.1939 von Soden, W., Nominalformen und juristische Begriffsbildung im Akkadischen: Die Nominalform qutull¯': Symbolae ad Iura Orientis Antiqui pertinentes Paulo Koschaker dedicatae (= Studia et Documenta ad Iura Orientis Antiqui pertinentia, Vol. II. Leiden 1939), 199-207 [200-201 su nudunnû, zubullû e rugummânû].

46.1939 Weidner, E. F., Das Alter der mittelassyrischen Gesetzestexte. Studien im Anschluss an Driver and Miles, The Assyrian Laws: Archiv für Orientforschung 12 (Berlin 1937-1939) 46-54, Taf. III-VI [Pubblicazione di K, L, M, N, O; nuova copia di C+G; colofone di A].

47.1940 Burrows, M., The Ancient Oriental Background of Hebrew Levirate Marriage: Bulletin of the Schools of Oriental Research 77 (New Haven, 1940) 2-15 [p.3-4 su A Par. 38, 36, 45, 27 e 32; p.10-11 su A Par. 28, 34, 35 e 45; p. 11 su A Par. 46; p. 11-14 su A Par. 25, 26, 30, 33; p.14 su A Par. 43].

48.1944 Leroy, J., Introduction à l'étude des anciens codes orientaux. Paris 1944, 54 sg. Recensione: M. David, Bibliotheca Orientalis 2/6 (1945) 89-90.

49.1945 van Praag, A., Droit matrimonial assyro-babylonien (= Allard Pierson Stichting. Universiteit van Amsterdam. Archaeologisch-Historische Bijdragen, XII). 221 p. Amsterdam 1945.

50.1946 Cazelles, H., Études sur le Code de l'Alliance. Paris 1946, 156-158.

51.1949 Landsberger, B., Jahreszeiten im Sumerisch-Akkadischen: Journal of Near Eastern Studies 8 (Chicago 1949) 248-297 [p. 291, n. 136 su B Par. 19].

52.1950 Koschaker, P., Eheschliessung und Kauf nach alten Rechten: Archiv Orientální 18/3 (Praha 1950) 210-296.

53.1950 Meek, T. J., The Middle Assyrian Laws, in: Ancient Near Eastern Texts Related to the Old Testament, edited by James B. Pritchard. Princeton, N.J. 1950 [Second edition 1955], 180a-188b [traduzione inglese delle leggi tranne D, H, J].

54.1950 Wilanowski, B., Une nouvelle interprétation du Par. 31 du Recueil des lois assyriennes: Journal of Juristic Papyrology 4 (Warszawa 1950) 267-273.

55.1952 David, M., Eine Bestimmung über das Verfallspfand in den mittelassyrischen Gesetzen: Bibliotheca Orientalia 9 (Leiden 1952) 170-172 [su C+G Par. 7].

56.1952 D'jakonov, I. M. - Dunajevskaja, I. M., Zakony Vavilonii, Assirii i Chettskogo carstva: Vestnik drevnej istorii, Moskva 1952, 205 [traduzione russa delle leggi].

57.1953 Aro, J., Abnormal Plene Writings in Akkadian Texts (= Studia Orientalia XIX:11).19 p. Helsinki 1953.

58.1955 Driver, G. R. - Miles, John C., The Babylonian Laws. Vol. II. Oxford 1955, 421-426.

59.1957 Cardascia, G., La codification en Assyrie: Revue internationale des droits de l'antiquité, 3 série, t.4 (Bruxelles 1957) 53-71.

60.1959 Struwe, W. W., Geschichte der Alten Welt. Chrestomathie, Bd. I: Der Alte Orien

61.1960 Brongers, H. A., Oud-Oosters en Bijbels Recht. Nijkerk 1960 [traduzione olandese].
62.1960 Lipine, L. A., The Assyrian Family in the Second Half of the Second Millennium B. C.: Cahiers d'Histoire mondiale 6 (Neuchâtel 1960) 628-643.
63.1963 Borger, R., Auszüge aus dem mittelassyrischen Rechtsbuch, in: Babylonisch-assyrische Lesestücke, Heft II (Roma 1963) 50-53 [trascrizione di A Par. 2-7, 15, 21, 25-27, 29-31, 35, 37-38, 40-41, 44, 46-47; note in BAL Heft III, 108-110 ed aggiunte in Handbuch der Keilschriftliteratur Band I (Berlin 1967), 30].
64.1963a Haase, R., Die keilschriftlichen Rechtssammlungen in deutscher Übersetzung. Wiesbaden 1963 [95-116: traduzione tedesca].
65.1963b Haase, R., Körperliche Strafen in den altorientalischen Rechtssammlungen. Ein Beitrag zum altorientalischen Strafrecht: Revue internationale des droits de l'antiquité, 3 série t.10 (Bruxelles 1963) 55-75.
66.1963 Szlechter, É., Effets de la capitivité en droit assyro-babylonien. I: Des effets de la captivité sur le mariage des prisonniers: Revue d'Assyriologie 57 (Paris 1963) 181-192 [su A Par. 45].
67.1963 Weidner, E., Eine Erbteilung in mittelassyrischer Zeit: Archiv für Orientforschung 20 (Graz 1963) 121-124 [su B Par. 1].
68.1963 Yaron, R., Duabus sororibus coniunctio: Revue internationale des droits de l'antiquité, 3 série, t.10 (Bruxelles 1963) 115-136 [su A Par. 31].
69.1964 Klíma, J., Gesellschaft und Kultur des alten Mesopotamien. 292 p. Praha 1964. Verlag der Tschechoslowakischen Akademie der Wissenschaften und Artia.
70.1964 Korošec, Viktor, Keilschriftrecht, in: Orientalisches Recht (= 3. Ergänzungsband des Handbuchs der Orientalistik. Erste Abteilung. Leiden 1964), 151-157.
71.1964 Szlechter, É., Effets de la captivité en droit assyro-babylonien. II. Des mesures edictées en faveur du captif titulaire d'une tenure et de sa famille: Revue d'Assyriologie 58 (Paris 1964) 23-35 [su A Par. 45].
72.1965 Haase, R., Einführung in das Studium keilschriftlicher Rechtsquellen.(Wiesbaden 1965), 33-34.
73.1965 Petschow, H., Zu den Stilformen antiker Gesetze und Rechtssammlungen: Zeitschrift der Savigny-Stiftung für Rechtsgeschichte. Romanistische Abteilung, 82 (Weimar 1965) 24-38.
74.1965 Szlechter, É., Effets de l'absence (volontaire) en droit assyrobabylonien: Orientalia NS 34 (Roma 1965) 289-311 [su A Par. 36].
75.1965 Yaron, R., Varia on Adoption: Journal of Juristic Papyrology 15 (Warszawa 1965 = Dedicated to the Memory of Vincenzo Arangio-Ruiz) 171-183 [su A Par. 37].
76.1966 Cardascia, G., art. Gesetze: B) Assyrien: Lois Méso-Assyriennes: Reallexikon der Assyriologie. Dritter Band, vierte Lieferung (Berlin 1966) 280-286.
77.1967 Bottéro, J., Antiquités assyro-babyloniennes: Annuaire de l'École pratique des Hautes Études, 4 Section (Paris 1967) 81-100.
78.1967 Cardascia, G., L'Ordalie par le fleuve dans les "Lois assyriennes": Festschrift für Wilhelm Eilers. Ein Dokument der internationalen Forschung zum 27. September 1966 (Wiesbaden 1967), 19-36 [su A Par. 17, 22, 24].
79.1968 Landsberger, B., Jungfräulichkeit: Ein Beitrag zum Thema

"Beilager und Eheschliessung" (mit einem Anhang: Neue Lesungen und Deutungen im Gesetzbuch von Ešnunna): Symbolae iuridicae et historicae Martino David dedicatae. Tomus alter: Iura Orientis Antiqui (Leiden 1968) 41-105 [su A Par. 55, 56, 34].

80.1968 Bottéro, J., Antiquités assyro-babyloniennes: Annuaire de l'École pratique des Hautes Études, 4 Section (Paris 1968) 89-122

81.1968 Kaplan, T. in VDI 1968, 180 [sul Perfetto nelle leggi]

82.1969 Doron, P., A New Look at an Old Lex: Journal of the Ancient Near Eastern Society of Columbia University I/2 (New York 1969) 21-27 [su A Par. 50].

83.1969 Hirsch, H., Zur Frage der t-Formen in den keilschriftlichen Gesetzestexten: lišān mithurti. Festschrift Wolfram Freiherr von Soden zum 19.VI.1968 gewidmet von Schülern und Mitarbeitern (= Alter Orient und Altes Testament, Band 1). Kevelaer/Neukirchen-Vluyn 1969, 119-131.

84.1969 Cardascia, G., Les Lois assyriennes. Introduction, traduction, commentaire (= Littératures anciennes du Proche-Orient, 2). Paris 1969. 359 p. Recensioni: J. Decroix, Bible e Terre Sainte 116 (1969) 23; J.A. Brinkman, CBQ 32 (1970) 106; M. Gilbert, NRT 91 (1969) 882; R. Haase, Or 39 (1970) 192-194; J.S. Croatto, Rivista Biblica 31 (1969) 186; (anonimo) ZATW 81 (1969) 414; J. Klíma, BO 27 (1970), 369-370; W. Richter, BZ 15 (1971) 133; D. Lys, Études théologiques et religieuses 48 (1970) 199; G.R. Driver, JTS 21 (1970) 113; R. Tournay, RB 77 (1970) 466; É. Szlechter, RHDFÉ 48 (1970) 74-75; J-G. Heintz, RHPR 50 (1970) 307-308; H.J. van Dijk, Tijdschrift voor Theologie 10 (1970) 208; J.N. Postgate, BSOAS 34 (1971) 387-389; C.-A. Keller, Revue de théologie et de philosophie 21 (1971) 105; V. Korošec, ZSSR 87 (1970) 465-469; M.G. Cordero, EstBíb 31 (1972) 111; J. Klíma, Iura 21 (1970) 262; M. Liverani, OA 11 (1072) 230-232; H. Hunger, ZA 63 (1973) 109-110; W.G. Lambert, BLOT 1974, 76.

85.1969 Offerlé, P., Grammaire et épigraphie assyro-babyloniennes: Annuaire de l'École pratique des Hautes Études, 4 Section (Paris 1969) 75-78.

86.1969 V.-David, M., Ein Beitrag zum mittelassyrischen Erbrecht: Essays on Oriental Laws of Succession = Studia et Documenta ad Iura Orientis Antiqui Pertinentia, Vol. IX (Leiden 1969) 78-81.

87.1970 Yaron, R., The Middle Assyrian Laws and the Bible: Biblica 51 (1970) 549-557.

88.1970 Cardascia, G. Une justice infaillible. Réflexions sur le Par. 47 des "Lois Assyriennes": Studi in onore di Edoardo Volterra VI (Milano 1970) 419-431.

89.1971 Klíma, J., Autour de la nouvelle édition des lois méso-assyriennes: Archiv Orientální 39 (1971) 92-95 [su Cardascia, Les lois Assyriennes].

90.1971 Mayer, W., Untersuchungen zur Grammatik des Mittelassyrischen, Alter Orient und Altes Testament, Sonderreihe, Band 2 (Neukirchen-Vluyn 1971) [p. 126 indici dei luoghi trattati].

91.1971 Postgate, J. N., Land Tenure in the Middle Assyrian Period: A Recontruction: Bulletin of the School of Oriental and African Studies 34 (1971) 496-520 [502-508 su A Par. 45].

92.1972 Saporetti, C., Questioni di eredità nel diritto ebraico e medio-assiro: Bibbia e Oriente 13 (1971-1972) 65-68.

93.1973 Postgate, J. N., Assyrian Texts and Fragments: Iraq 35 (1973),

19-21 (A fragment of Middle Assyrian Laws from Nineveh) [copia alla Tav. XII, trascrizione, note e commento di P].

94.1973 Cohen, C., The "Widowed" City: Journal of the Ancient Near Eastern Society of Columbia University 5 (1973) 15-81.

95.1974 Cardascia, G., Les valeurs morales dans le droit assyrien: Acta Antiqua Academiae Scientiarum Hungaricae 22/1-4 (1974) 363-371.

96.1975 Tosun, M. - Yalvac, K., Sumer, Babil, Assur Kanunlari ... , Turk Tarik Kurumu Y. VII, Dizi-Sa. 67 (Ankara 1975) 327 p. [trascrizione e traduzione turca].

97.1979 Saporetti, C. La situazione della donna in epoca medioassira. Qualche aspetto e considerazioni (1979. In corso di stampa).

INTRODUZIONE

Una sorta di "museo giuridico degli orrori": così sono state chiamate le leggi medioassire (1). Esse sono infatti le più dure tra tutte le legislazioni orientali antiche, ivi comprese quelle di gran lunga precedenti nei secoli. Ma nel contempo sono uno degli specchi più utili e chiari per la conoscenza del popolo assiro, così diverso dai più miti Sumeri e dai più raffinati Babilonesi. Ben a ragione dunque numerosi studiosi vi hanno dedicato la loro attenzione.

Non si tratta di un Codice vero e proprio: le varie tavolette di terracotta (2), in cui le sequenze delle leggi sono state ritrovate, sono piuttosto delle raccolte di articoli che si riferiscono di volta in volta a un grosso tema, e tradiscono quindi un carattere eminentemente pratico.

Alcune sono duplicati (A=P), altre invece no, pur riportando qualche articolo in comune (B ed O). Un grosso tema, "la donna", è stato individuato nella tavoletta A (=P), ed infatti vi sono raccolti articoli che hanno quasi sempre la donna come argomento, tranne pochi casi (es. la sodomia) che vi sono stati trattati per analogia di colpa o di pena. Nel testo B l'argomento è diverso, perché gli articoli trattano, direttamente o indirettamente, della proprietà fondiaria, mentre in C+G (i due frammenti sono stati riconosciuti parte di una stessa tavoletta) sono trattati i beni mobili, soprattutto quelli legati ad un prestito. Per gli altri testi l'argomento può essere solo ipotizzato dai pochi paragrafi rimasti.

Il luogo della scoperta dei testi (3) fa pensare che erano raccolti in una o più biblioteche non private, a disposizione forse dei giudici. Il frammento P (4) (che qui viene aggiunto per la prima volta ad una raccolta di tutte le leggi) non è stato ritrovato ad Assur, a differenza degli altri, ma (sembra) a Ninive, e prova forse che in ogni importante città del regno dovevano essere conservati simili manuali necessari ad una agevole amministrazione della giustizia.

Un breve discorso a parte merita la datazione dei testi. Abbiamo un solo eponimo, che data la tavoletta A, e che è stato fatto risalire al regno di Tiglat-pileser I (1114-1076 a. C.), cioè alla fine del periodo medioassiro. Anche se il periodo preciso di questo re non può essere, secondo noi, inequivocabilmente sicuro (5), la compilazione del testo A deve essere avvenuta comunque intorno a quell'epoca (e così probabilmente per tutti o quasi tutti gli altri), ma con una grafia ed una lingua più antiche; e dunque nel periodo intorno o durante il regno di Tiglat-pileser I i testi furono ricopiati da altri

---

(1). G. Cardascia, Les valeurs morales dans le droit assyrien, Acta Antiqua Académiae Scientiarum Hungaricae 22/1-4 (1974), 371

(2). Seguiamo qui il modo comunemente usato di distinguere le tavolette con una lettera dell'alfabeto, aggiungendo la lettera P per il testo <<Iraq>> 35 tav. 12, 4, ultimo pubblicato.

(3). A e B provengono dalla porta posta tra il tempio di Anu-Adad ed il Palazzo Vecchio, ad Assur. Gli altri testi, tranne C+G e P, sono stati trovati nelle vicinanze. C+G proviene dagli archivi del santuario centrale di Assur. P probabilmente da Ninive.

(4). Pubblicato da J.N. Postgate, <<Iraq>> 35 (1973), 19 e Tav. 12, 4.

(5). Ved. più oltre a proposito dell'ultima parte del testo A.

risalenti ad anni più antichi. Possiamo dunque dire che ci troviamo di fronte, sia pure in copie più recenti, a legislazioni arcaiche, anche se non siamo ovviamente in grado di stabilirne l'origine e le tappe dell'evoluzione.

La prima lettura del testo nella traduzione letterale non è sempre di facile comprensione. È indispensabile anzitutto premettere che il termine uomo, (a'īlu) che nella nostra lingua ha un significato generico, in Assiro ha anche il significato di "uomo libero", contrapposto allo schiavo. Nelle leggi si nomina soprattutto l' a'īlu, sì da far pensare che la legislazione sia stata fatta esclusivamente per questa categoria. Talvolta però compare anche l'aššurāju (letteralmente: "assiro"), di estrazione sociale chiaramente inferiore ad altra privilegiata. Non è facile dunque stabilire se a'īlu indichi solo la classe sociale di uomini liberi "patrizi" (l'espressione è approssimativa), contrapposti agli "assiri" ed agli schiavi, o comprenda anche gli "assiri", liberi anch'essi ma inferiori.

Analogamente esiste un problema per il termine mārat a'īli, cioè la "figlia di un a'īlu", che può essere intesa (6) o in senso stretto, (figlia di un "patrizio") o più genericamente (figlia di un uomo libero compreso l'"assiro") o addirittura "donna patrizia", nubile o maritata che fosse. Trattiamo qui brevemente, e separatamente, i due problemi.

1. L' a'īlu. Secondo il Cardascia 60, questo termine designa nelle Leggi: "a) essentiellement, l'homme libre par opposition à l'esclave; b) accessoirement, le <<patricien>> par opposition à l'aššurājau dans les passages où le contexte distingue ces deux espèces d'hommes libres" (7).
   Il maggior conforto a questa tesi è dato, ci sembra, dall' articolo A 24: quando vi si parla di un "assiro", nominato poco sopra, lo si chiama a'īlu (8).
   Noi qui riproponiamo la tesi del Cardascia, ma contemporaneamente vogliamo proporne un'altra alternativa, che nasce da qualche osservazione che si può fare alla prima. Ci sono infatti alcuni casi in cui il termine a'īlu ci sembra designare esclusivamente il "patrizio", anche se il contesto non distingue le due specie di uomini liberi. Qualche esempio:

a-In alcuni articoli si parla di prestiti e di pegni, specie in relazione al problema della ragazza-pegno che il creditore vuole fare sposare (es. A 39, A 48). Il contesto parla genericamente di a'īlū, ma non sembra che gli "assiri" debbano esservi compresi, né in funzione di creditori (da C+G 7 pare che gli "assiri" non possano guadagnare dallo strozzinaggio) né di pegni, per cui vigeva una legislazione particolare (C+G 3: permessa la vendita degli "assiri" presi in pegno e definitivamente "acquisiti" dopo la scadenza; A 44: permessa la "giustizia privata" nei confronti degli "assiri" presi in pegno e definitivamente "acquisiti").

b-Si noti la differenza di atteggiamento che ha la legge in questi due casi:

---

(6).Ved. i pareri in Cardascia, 55 sg.

(7).Secondo Cardascia, 61, l' a'īlu e l'"assiro" (come il muškēnum babilonese) indicano due diverse classi, ma nell'ambito di uno stesso stato sociale, cioè appunto quello di uomo libero. Viceversa lo schiavo appartiene ad una classe diversa.

(8).KAV I, Col.III: 68: <<e se l'"uomo" (a'īlu) nella cui casa la moglie di un uomo ha dimorato ... >>.

1-L' "assiro" ignaro che sua moglie abbia ospitato in casa sua la moglie di un "patrizio" deve pagare al marito un forte indennizzo (A 24).

2-L' a'īlu con cui una moglie di a'īlu commette adulterio, ignaro che la donna fosse maritata, è dichiarato non colpevole (A 14). Viene da chiedersi se la sentenza di "non colpevolezza" sarebbe stata emessa anche nei confronti di un "assiro" nel caso di A 14, o se piuttosto gli "assiri" non fossero esclusi da questa casistica, e di conseguenza da tutti i casi di adulterio.

Alla luce di queste osservazioni ci sembra che l'interpretazione del Cardascia, pur mantenendo la sua validità, non possa dirsi sufficientemente provata, e permetta dunque l'esistenza di un'altra interpretazione alternativa.

Secondo noi, è anche possibile che il termine a'īlu indichi solo l'uomo impropriamente chiamato "patrizio", ma che in realtà era il comune cittadino, che godeva di tutti i diritti (9). E gli "assiri"? Dalle attestazioni che ne abbiamo, la loro figura appare sfocata. Schiavi non erano certamente, ma nulla prova con certezza che appartenessero alla "classe" dei liberi, sia pure inferiori; anzi, non è nemmeno sicuro, secondo noi, che gli "assiri" di C+G 3 e A 44, che abbiamo visto nella funzione di pegni definitivamente caduti sotto la potestà del creditore, fossero famigliari di un "assiro" debitore (come più sopra, nello stesso articolo, i famigliari di un "patrizio") o piuttosto dei dipendenti di un padrone che li cedeva in pegno così come cedeva i propri figli. Anzi, il termine generico usato ("assiro" e "assira", invece di "figlio di un assiro", "figlia di un assiro" come poco sopra per i "patrizi") fa quasi propendere per la seconda interpretazione.

Può essere significativo, a questo proposito, il fatto che il trattamento usato nei riguardi degli "assiri" definitivamente "acquisiti" sia lo stesso che la legge permetteva al marito nei confronti della propria moglie, quando non si trattava di casi gravi, che comunque erano puniti sempre dal marito (cf. A 44 e A 59). Era una sorta di giustizia privata (di cui più oltre diremo) che il pater familias esercitava nell'ambito della sua famiglia. Non è dunque ardito supporre che fosse esercitata anche nei riguardi di dipendenti non schiavi che lavoravano o nella famiglia stessa o nella proprietà fondiaria.

L'esistenza di simili dipendenti non schiavi è d'altronde attestata: sono gli ālāʾū. In KAJ 7 una "assira", riscattata dalla casa di un uomo che probabilmente l'aveva "acquisita" definitivamente come pegno di un debito non pagato, sposa uno schiavo e si impegna per sé ed i futuri figli ad essere ālā'ittu del padrone di suo marito, e di fornirgli la prestazione di lavoro dovuta dagli ālāʾū; in cambio, il padrone si impegna a non ridurla in schiavitù. Gli ālāʾū erano dunque legati al fondo (10), ma non schiavi. Tra di loro troviamo una "assira" (KAJ 7); di tal genere poteva essere dunque la figura degli "assiri", senza

---

(9).In tal caso, il termine a'īlu con cui viene nominato un "assiro" in A ha il significato generico di "uomo di cui sopra", "colui che", ed è dovuto alla mancanza di una adeguata terminologia nella lingua assira

(10).C'erano anche ālāʾū del palazzo; ved. A 45 ed anche in CAD A/I, 390-391.

necessariamente arrivare ad identificarli con gli _ālāiū_, come il parallelo Aššur = Ālu ("la Città" capitale) potrebbe anche suggerire (11).

In appendice a questa seconda possibile interpretazione vorremmo aggiungere un'altra possibilità: che nelle Leggi l'_a'īlu_ indichi sia il "patrizio" sia l' "assiro" (cf. Cardascia) ma senza interferenze reciproche, cioè che gli articoli, quando mettono in relazione o in contrasto due persone o due gruppi di persone (es. il colpevole e la vittima) li considerino sempre come socialmente equivalenti. Questa ipotesi ha però il difetto di lasciare nel dubbio per quei casi in cui il rapporto o il contrasto avvenivano fra due persone di ceto sociale differente, senza nemmeno la possibilità di supporre (come per l'ipotesi che abbiamo formulato sopra) l'esistenza di una giustizia "privata".

2. La _mārat a'īli_, cioè la figlia di un _a'īlu_. Qui vorremmo prendere una posizione più precisa. A prescindere dai dubbi che permangono sulla figura dell' _a'īlu_, la _mārat a'īli_ ci sembra sempre, nelle Leggi medioassire, la figlia, cioè la "ragazza nubile ancora soggetta all'autorità paterna". Non vediamo infatti alcuna ragione per pensare che _mārat a'īli_ designi la condizione sociale di una donna che possa essere indifferentemente nubile o sposata (12). Anzitutto, ci sono degli articoli in cui il termine designa sicuramente una donna nubile (A 30, 31, 39, 43, 48, 56). Analizzeremo qui gli altri per vedere se in tutti o in qualcuno di essi il termine designi necessariamente una maritata;

a-(A 1) La distinzione tra _moglie di un uomo_ e _figlia di un uomo_, per indicare che tutte le donne devono essere soggette al trattamento prescritto prova, se mai, che _mārat a'īli_ designa la figlia nubile.

b-(A 2) Anche qui c'è la stessa distinzione, assolutamente superflua se _mārat a'īli_ significa indifferentemente "nubile" e "maritata". L'ultima frase, "verso suo marito, i suoi figli (e) le sue figlie non si avvicineranno", è ben lungi dal provare il contrario. È ovvio infatti che quando si parla di marito ci si vuole riferire solo alla donna sposata. In quanto ai figli, o anche per essi ci si riferisce alla donna sposata, oppure a tutte e due le donne. Non è affatto escluso, infatti, che anche la nubile potesse avere figli: l'articolo A 55 parla di violenza ad una nubile, ed A 56 parla di fornicazione; non si può negare dunque che qualche figlio non ne fosse talvolta la conseguenza.

c-(A 21) Provocato aborto di una _mārat a'īli_: ved. quanto detto sopra sui possibili figli di una nubile. L'esistenza di un altro paragrafo, con altre pene, per il provocato aborto di una sposata, prova sufficientemente, secondo noi, che in A 21 si parla

---

(11).Un problema è certamente costituito dal fatto che il termine "assiro" non designa la classe dei "patrizi", ma una popolazione certamente inferiore (<<problème insoluble dans l'état actuel de nos connaissances>>, Cardascia, 53). Non vorremmo escludere che si trattasse della sopravvivenza di un concetto legato al nome _assiro_ dall'epoca della dominazione hurrita in Assiria. Oppure potrebbe trattarsi (la domanda ci è suggerita da G. Buccellati) di stranieri "assirizzati"? Oppure di dipendenti non schiavi legati al territorio assiro, come appunto gli _ālāiū_ erano legati al fondo in cui lavoravano?

(12).Ved. in Cardascia, 53 sg., anche sul parere di Driver e Miles.

esclusivamente di una nubile.

d-(A 40) Anche qui si parla di "mogli" e di "figlie" dell' a'ilu, distinzione superflua se non si volesse intendere in senso letterale. Ved. inoltre quanto detto in sede di commento del paragrafo (tipi svariati di velo per la mārat a'ili, forse proprio perché nubile).

e-(C+G 2, C+G 3) La mārat a'ili che qui vediamo come pegno in casa di un creditore ha più probabilità di essere una "nubile" piuttosto che una maritata, perché dalle Leggi la nubile sembra essere il pegno-persona più frequentemente ceduto al creditore fra tutti i famigliari (cf. i casi della nubile-pegno in A 39 e A 48).

In conclusione, non ci pare ci siano ragioni per intendere la mārat a'ili altrimenti che la figlia nubile, ma anzi ci sono ragioni contrarie.

Naturalmente la questione rimane aperta, ma resta comunque la contingente difficoltà della traduzione. Seguendo la tradizione più comune, abbiamo tradotto a'ilu con il termine "uomo"; anche se imperfetta, questa traduzione riflette in fondo, meglio di ogni altra, la mentalità del tempo: l' a'ilu era l' uomo, cioè l'uomo comune, sia che fosse il ricco proprietario di fondi o che fosse il poveraccio costretto a cedere in pegno persino i propri figli; ma comunque libero, con i suoi doveri ed anche tutti i suoi diritti, e quindi l'unico vero "uomo" degno di essere chiamato tale.

Troviamo nelle Leggi due principali tipi di articoli: da una parte abbiamo un insieme di norme riguardanti i temi più vari, da disposizioni sull'eredità o il destino delle vedove alla procedura della vendita di immobili o dell'utilizzazione delle acque, e così via; dall'altra abbiamo invece un codice penale con la relativa descrizione dei reati e delle pene prescritte.

Il Cardascia (13) ha individuato in quest'ultimo insieme di articoli quattro grandi principî informatori, che qui riportiamo:

1. La responsabilità penale è individuale: le colpe di una persona non ricadono sugli altri membri della famiglia o del clan (14).
2. La responsabilità penale è legata ad una intenzione delittuosa; non è colpevole chi non sapeva di commettere un'azione proibita (15)
3. C'è un adattamento oggettivo della pena al delitto: fin dove è possibile si adotta il taglione per punire i reati.
4. A colpa uguale pena uguale: molto spesso (ma non sempre) le persone implicate nello stesso delitto subiscono le stesse pene, indipendentemente dal loro stato sociale.

Individuati questi principî che informano le Leggi, restano tuttavia difficili problemi riguardanti l'amministrazione della giustizia. Vediamo infatti intrecciarsi alla pubblica amministrazione una sorta di giustizia privata, che fa subire pene o concede il

---

(13) Cardascia in Acta Antiqua Academiae Scientiarum Hungaricae 22/1-4, 367 sg.

(14) I due casi che sembrano provare il contrario (A 50 ed A 55) non sono eccezioni, ma devono essere considerati alla luce della mentalità assira, secondo cui la moglie non è che il prolungamento della persona del marito, e su di essa è applicata, di conseguenza, la legge del taglione, per l'impossibilità di applicarla sulla persona del colpevole (cf. Cardascia, cit., 369-370).

(15). Es. l'amante della donna sposata, ignaro della condizione di coniugata della donna

perdono, con interventi del fattore religioso mediante ordalie e giuramenti.

Distinguere tra giustizia "privata" permessa dalla legge e giustizia "pubblica" non è agevole. Sicuramente ci sono casi in cui la punizione del colpevole è affidata alla vittima (specialmente quando il reato avviene all'interno di una stessa famiglia); la legge stabilisce allora l'entità della pena (o di più di una pena, a scelta della vittima), che la vittima imporrà al colpevole, ed ammette anche la possibilità del perdono; l'autorità, pare, è però costantemente presente, come sembrano suggerire gli articoli 57 e 58 della Tavoletta A (ved. commento).

Anche se in linea di massima questo concetto è chiaro, resta però sempre da stabilire quali siano esattamente i casi in cui si ricorre a questa punizione privata, e perché.

Un altro problema riguarda inoltre la fase antecedente la punizione, cioè l'accertamento della colpa. È lo Stato che stabilisce se una persona è colpevole, anche quando è demandato al privato il compito della punizione, o è la vittima stessa che ha il potere di giudicare, condannare e punire? Per la soluzione di questo problema non abbiamo che pochi elementi, e per giunta contrastanti:

1. In A 3 (furto della moglie in casa del marito; caso del marito sano), la frase "l'uomo indagherà su sua moglie e una pena imporrà" sembra intendere che anche l'accertamento della colpa è svolto in sede privata.
2. D'altronde dal paragrafo A 15, quando si stabilisce che il marito (16) non è colpevole se si fa giustizia da sé uccidendo la moglie adultera ed il suo amante, sembra di capire che la prassi normale esigeva la denuncia all'autorità, e che si sorvolava solo in questa eccezione, data la particolare gravità e natura del caso. Ed infatti nello stesso paragrafo si considera anche l'ipotesi che il marito denunci i colpevoli, e che li uccida (o imponga loro altre pene) dopo che l'autorità abbia constatato la loro colpevolezza.
3. In A 23: III 34 la frase con il verbo al plurale "la moglie lasceranno; è libera" sembra suggerire che la donna veniva giudicata dall'autorità, e che solo dopo questo giudizio veniva consegnata per la punizione privata o, come in questo caso, rilasciata perché non colpevole.
4. Quando un articolo di legge prescrive specificatamente che la punizione deve avvenire a seguito di un accertamento di colpa mediante l'acquisizione di prove, tale concetto è espresso di solito con l'uso dei verbi <u>bu'āru</u> e <u>ku'ānu</u> (quasi sempre insieme, a formare una frase-formula) (17) al plurale; l'uso del plurale, come vedremo poi a proposito della distinzione tra pene "pubbliche" e "private" sembra chiaramente sottintendere un generico soggetto plurale, ad indicare l'intervento della pubblica autorità (i giudici) (18).

---

(16). Probabilmente con il concorso di parenti o amici, perché i verbi che indicano il giudizio e la condanna sono al plurale.

(17). I verbi nelle parti dello schema (ved. sotto) I, 3 = A 15 a., b.; I, 5 = A 16; II, 1 = A 21; II, 7 = A 53; II, 10 = A 9; III, 5 = C+G 8; III, 8 = B 4; III, 10 = B 14; III, 13 = B 13; III, 16 = B 8; III, 17 = B 9; III, 18 = B 20; III, 19 = M 3; III, 24 = C+G 3; III, 27 = C+G 10, 11; IV, 1 = A 1, P 1; IV, 4 = A 47; VI, 4 = A 40; solo <u>bu'āru</u> in II, 8 = A 7; II, 14 A 12; [III, 23 = C+G 2]; <u>šēbūte šakānu</u> ("portar testimoni") in VI, 1 = A 40

In conclusione, sembrerebbe che ogni pena, anche quella imposta dal privato, dovesse essere preceduta da un giudizio pubblico, a parte i dubbi suscitati dal caso N. 1, la cui frase "l'uomo indagherà su sua moglie" potrebbe essere allora interpretata, forse, come una ricerca di prove da parte del marito, per consegnarle all'autorità. Per quanto riguarda invece il problema dell'imposizione della pena da parte dell'autorità o del privato, ci limitiamo a riportare qui sotto uno schema, in cui abbiamo diviso i reati in sei parti:

I. Adulterio (e fornicazione); II. Violenze; III. Furto, alienazione abusiva di beni, danni alla proprietà; IV. Reati contro la Religione (e lo Stato); V. Calunnia; VI. Altri reati (che si riducono all'abusivo uso del velo).

In ogni parte sono riportati gli articoli di legge (contrassegnati dalla lettera che distingue la singola tavoletta, seguita dal numero del paragrafo) con i relativi argomenti ed il tipo di punizione, distinta in "pubblica" e "privata". In linea di massima, anche a costo di cadere in un eccessivo semplicismo, abbiamo considerato pene "pubbliche" quelle imposte da un generico soggetto con il verbo al plurale (oltre naturalmente quelle che hanno un soggetto ben definito che non designi il privato; ad es. il re). Il generico verbo al plurale è ad esempio usato in numerosi casi in cui al colpevole che deve essere punito privatamente si aggiunge un complice (adulterio, furto e ricettazione, es. in A 14, A 22, A 23, A 24; A 3, A 4). Sembra chiaro che in questi casi il privato non possa punire che il colpevole che appartiene alla sua famiglia; l'altro è soggetto invece alla pubblica autorità, che però adegua la punizione (o il perdono) a quella del privato (ved. il principio informatore N. 4), a meno che i reati dei due complici non fossero di diversa gravità (cf. in A 23) (19).

La prova basata sul verbo al plurale è la più valida, anche se non è affatto immune da casi dubbi: già abbiamo visto i verbi al plurale in A 15, dove il giudizio e la punizione sono decisamente privati, per cui siamo costretti ad immaginare il concorso di parenti ed amici; in A 23: III 34 c'è poi il verbo al plurale: "la donna lasceranno; è libera" quando in caso di punizione quest'ultima spetta al marito. Ma forse si tratta qui, come abbiamo visto più sopra, di un caso di giudizio formulato dall'autorità (per cui è giusto il verbo al plurale).

Prima di esporre il prospetto delle colpe e delle pene dobbiamo premettere ancora due concetti:

1. per alcuni articoli la nostra interpretazione si discosta da altre precedentemente presentate; per altri ancora abbiamo effettuato una scelta tra interpretazioni contrastanti. Essendo dunque qualche spiegazione controversa, quelle da noi presentate (o

---

(18).Dobbiamo però rilevare che in A 15:42-43 i due verbi, al plurale, non devono avere come soggetto la pubblica autorità, trattandosi di un caso di giustizia privata. Ved. il commento al paragrafo e la nota 16.

(19).Decisamente imposta dall'autorità è la punizione per entrambi i complici quando il privato è impedito (Parte III 1 = A 3, P 3) o quando la colpa evade ormai dall'ambito della famiglia del privato (Parte I, 1 = A 13)

scelte) e riproposte nel prospetto vanno accettate con riserva.

2. Talvolta la distinzione tra pena "pubblica" e "privata" è veramente difficile da capire. Ad esempio quando viene stabilito come pena un risarcimento alla vittima non ci viene alcun aiuto dal verbo, che ha per soggetto il colpevole del reato. In tal caso non abbiamo segnato nel prospetto se la pena fosse "pubblica" o "privata", a meno che insieme al risarcimento non fossero comminate altre pene chiaramente pubbliche (ved. ad es. in II, 1, 8; III, 10, 16, 17, 30; V, 18, 19) o private (es. II, 11, 12).

I. ADULTERIO (e fornicazione)

1.	A 13 coabitazione degli amanti	PUBBLICA	morte
2.	A 14 in luogo pubblico, tipico di prostitute	PRIVATA	per la moglie: a piacere del marito
		PUBBLICA	per l'amante: adeguamento a quella privata. Var.: non colpevole se non consapevole dello stato coniugale della donna
3.	A amanti sorpresi dal marito	a. PRIVATA	per ambedue: morte (è permessa l'uccisione da parte del marito)
		b. PRIVATA	per ambedue; dopo la denuncia, il marito può: 1. uccidere 2. mutilare 3. perdonare
4.	A 16 istigazione da parte della donna	PRIVATA	per la moglie: a piacere del marito (l'amante non è colpevole)
5.	A 16 dietro violenza dell'uomo ma avvenuta in seguito ad istigazione della donna	PRIVATA	per la moglie: a piacere del marito
		PUBBLICA	per l'amante: adeguamento a quella privata
6.	A 23 in casa di una mezzana	PRIVATA	per la moglie: 1. a piacere del marito 2. perdono
		PUBBLICA	per amante e mezzana: adeguamento a quella privata.
7.	A 23 come sopra; var.: moglie irretita	PUBBLICA	per amante e mezzana: morte (la moglie non è colpevole)

	Caso		Sanzione
8.	A 23 come sopra; var.: la moglie irretita non accusa	PRIVATA	per la moglie: a piacere del marito
		PUBBLICA	per mezzana ed amante: morte
9.	A 22 viaggio di maritata con estraneo ignaro del suo stato di coniugata		per l'estraneo: risarcimento al marito
			(nessun cenno per la moglie; probabilmente PRIVATA: a piacere del marito; ved. oltre N. 12)
10.	A 22 come sopra; var.: estraneo non ignaro, ma senza adulterio		<u>giuramento</u> di non avvenuto adulterio
			compensazioni al marito
11.	A 22 come sopra; var.: accusa della donna e ammissione di avvenuto adulterio		<u>ordalia senza accordi</u> per l'estraneo
12.	A 22 come sopra, con rifiuto di ordalia	PRIVATA	per la moglie: a piacere del marito
		PUBBLICA	per l'estraneo; adeguamento a quella privata
13.	A 24 fuga di maritata, accolta e ospitata dalla moglie di un "assiro"	PRIVATA	per la moglie: 1. mutilazione e ripudio 2. perdono
		PUBBLICA	per l' "assira": 1. mutilazione (ma con possibilità di riscatto da parte del marito) 2. adeguamento a quella privata (se perdono)
14.	A 24 come sopra; var.: "assiro" consapevole del fatto	PUBBLICA:	per l' "assiro": 1. forte multa 2. adeguamento a quella privata (se perdono; ved. N. 13)
15.	A 24 come sopra: var.: "assiro" nega di essere stato consapevole		<u>ordalia</u> a. rifiuto dell'ordalia da parte dell' "assiro": forte multa b. rifiuto dell'ordalia da parte del marito: rimborso spese dell' ordalia.
16.	A 56 fornicazione di una vergine		<u>giuramento</u> dell'uomo (di non avere violentato)
			per l'uomo: forte multa
		PRIVATA	per la donna: a piacere del padre

II. VIOLENZE

1.	A 21	provocato aborto di una nubile	PUBBLICA	multa, vergate, lavoro forzato
2.	A 50	provocato aborto di una maritata	PUBBLICA	provocato aborto alla moglie del colpevole
3.	A 50	come sopra; var.: morte della donna	PUBBLICA	morte
4.	A 50	come sopra; var.: il padre del feto non ha altri figli	PUBBLICA	morte (anche se il feto è femmina)
5.	A 51	come sopra; var.: madre mai stata in grado di portare a termine una gravidanza		multa
6.	A 52	provocato aborto di una prostituta	PUBBLICA	morte a bastonate
7.	A 53	provocato aborto di sé stessa	PUBBLICA	impalatura e non sepoltura (anche se la colpevole muore nell'abortire)
8.	A 7	percosse di una donna a un uomo	PUBBLICA	multa e vergate
9.	A 8	percosse di una donna ad un uomo con perdita di testicolo/i	PUBBLICA	mutilazione (più grave se il danno riguarda i duo testicoli)
10.	A 9	violenza leggera (o maltrattamenti) a una maritata	PUBBLICA	mutilazione
11.	A 55	violenza a una vergine	PRIVATA	violenza del padre della vergine sulla moglie dell'aggressore e suo possesso definitivo; matrimonio riparatore o forte multa (a scelta del padre)
12.	A 55	come sopra; var.: l'aggressore non ha moglie	PRIVATA	forte multa; matrimonio riparatore o forte multa (a scelta del padre)
13.	var.: spontanea fornicazione della vergine. Ved. <u>Adulterio</u> N. 16			
14.	A 12	violenza a una maritata	PUBBLICA	morte
15.	A 20	sodomia attiva	PUBBLICA	sodomizzazione ed evirazione

16. A 10 B 2	omicidio	PRIVATA	1. morte 2. accordo con appropriazione dei beni del colpevole da parte del *pater familias* della vittima

III. FURTO, ALIENAZIONE ABUSIVA DI BENI, DANNI ALLA PROPRIETÀ

1. A 3 P 3	furto da parte di una donna nella casa del marito ammalato o morto; ricettazione della refurtiva	PUBBLICA	per moglie e ricettatore: (20a) morte
2. A 3 P 3	come sopra: var.: marito sano	PRIVATA PUBBLICA	per la moglie: a piacere del marito per il ricettatore: adeguamento a quella privata e restituzione della refurtiva
3. A 4	come sopra; var.: ricettatore schiavo/a	PRIVATA PUBBLICA	per la moglie: 1. mutilazione 2. perdono per schiavo/a: adeguamento a quella privata; in caso di perdono la refurtiva non è restituita
4. A 5	furto (di refurtiva di valore) di una maritata in casa d'altri	PRIVATA	1. da parte del marito: mutilazione e restituzione refurtiva 2. altrimenti mutilazione da parte del derubato
5.C+G8 (C+G5)	furto di animale o altro	PUBBLICA	restituzione refurtiva, vergate, lavoro forzato
6.C+G8	come sopra; var.: pentimento del ladro e restituzione spontanea della refurtiva	PUBBLICA	a piacere del re

---

(20a).Cf. A 6 (il ricettatore di merce portata da una maritata è colpevole) e C+G 9 (*idem* per il ricettatore di merce portata da un [figlio?] di *a'ĩlu* o da uno schiavo).

7.	F 1	furto di ovini e (forse) alterazione di marchio con (probabile) possibilità di recuperare la sola lana	PUBBLICA	vergate, lavoro forzato; restituzione della lana?
8.	B 4	appropriazione recidiva di beni agricoli spettanti al fratello (eredità ancora indivisa)	PUBBLICA	perdita della parte di eredità a favore della vittima
9.	B 11	appropriazione di strumenti?/ prodotti agricoli	PUBBLICA	(contesto rotto. Il colpevole deve dare qualcosa al proprietario)
10.	B 14	uso abusivo di terreno. Appropriazione di un campo e uso del campo come cava di argilla	PUBBLICA	forte multa in terreno perdita dei mattoni fatti, vergate, lavoro forzato
11.	B 15	come sopra; appropriazione della sola argilla sottratta	PUBBLICA	come sopra ma senza multa
12.	B 12	uso abusivo di terreno. Coltivazione a frutteto. A. Tacito consenso del proprietario	PUBBLICA	coltivazione lecita. Risarcimento del campo con un altro campo
13.	B 13	come sopra. Proprietario non consenziente	PUBBLICA	perdita dei prodotti
14.	B 19	uso abusivo del terreno. Coltivazione ad orzo	PUBBLICA	A. perdita dei prodotti? B. patto dietro giuramento: tutti i lavori fatti dall'abusivo, che ha solo un terzo del prodotto.
15.	B 10	costruzioni abusive	PUBBLICA	perdita dei beni abusivi, vergate, lavoro forzato. Previsto un giuramento in variante (contesto rotto)
16.	B 8	alterazioni di confini. Confini "grandi"	PUBBLICA	forte multa in terreno, mutilazione, vergate, lavoro forzato
17.	B 9	alterazione di confini. Confini "piccoli"	PUBBLICA	multa in denaro, forte multa in terreno, vergate, lavoro forzato

18. B 20	appropriazione di terreno	PUBBLICA?	[pena scomparsa]
18. M 3	perdita di vesti altrui		risarcimento
19. M 3	alienazione abusiva divesti	PUBBLICA	risarcimento + [pena]
20. F 2	alienazione abusiva di cavalli	PUBBLICA	sfregiatura; risarcimento? (contesto rotto)
21.C+G4	alienazione abusiva di pegno. Animali		A. risarcimento B. restituzione
22.C+G1	alienazione abusiva di pegno? Schiavi		risarcimento. L'acquirente è libero dietro <u>giuramento</u>.
23.C+G2	alienazione abusiva di pegno. Persone <u>a'Ilū</u>	PUBBLICA	restituzione del pegno, vergate, lavoro forzato (più lungo se alienazione all'estero)
24.C+G3	come sopra. Var.: morte del pegno venduto all'estero	PUBBLICA	morte
25.C+G6b	alienazione abusiva di beni propri ipotecati?	PUBBLICA	pagamento del doppio dell'interesse dovuto?
26. A 39	cessione in matrimonio di una ragazza-pegno senza averne diritto		A. risarcimento B. sostituzione del pegno con la propria persona
27.C+G10 C+G11	alterazione (di un documento a proprio vantaggio finanziario?)	PUBBLICA PUBBLICA	per il colpevole: secondo la volontà del re per i complici (scriba e testimoni?): vergate
28. B 18	danno alla comunità causa rifiuto a lavori collettivi di pubblica utilità	PUBBLICA	vergate, lavoro forzato [+ altre pene?]
29. M 1	affondamento di una nave		risarcimento (dietro <u>giuramento</u> del proprietario sul valore della perdita).
30. B 7	distruzione di una casa	PUBBLICA	risarcimento del doppio, multa, bastonate, lavoro forzato

IV. REATI CONTRO LA RELIGIONE (E LO STATO)

1. A 1 P 1	furto sacrilegio di una donna	Secondo la sentenza del dio
2. N 1	bestemmia o furto sacrilegio di un uomo	PUBBLICA vergate, lavoro forzato
3. A 2 P 2	bestemmia della donna	(responsabilità personale della colpevole)
4. A 47	stregoneria	PUBBLICA morte
5. A 47	ritrattazione di accusa di stregoneria	esorcismo
6. B 3	tradimento? o diserzione di un uomo che non ha ancora ricevuto la sua parte di eredità	PUBBLICA parte di eredità a disposizione del re

V. CALUNNIA

1. N 2	calunnia di bestemmia e furto sacrilego	PUBBLICA vergate, lavoro forzato
2. A 17	accusa di infedeltà della moglie di un altro	ordalia (con occordi particolari)
3. A 18	calunnia sull'infedeltà della moglie di un altro	PUBBLICA vergate, lavoro forzato, rasatura, multa
4. A 19	calunnia di sodomia	PUBBLICA vergate, lavoro forzato, rasatura, multa

VI. ALTRI REATI

1.	A 40 prostituta illegalmente velata	PUBBLICA	perdita dei vestiti a favore di chi la denuncia, vergate, versamento di asfalto sulla testa
2.	A 40 schiava illegalmente velata	PUBBLICA	perdita dei vestiti (come sopra), mutilazione
3.	A 40 mancata denuncia di prostituta illegalmente velata	PUBBLICA	perdita dei vestiti (come sopra), vergate, lavoro forzato, foratura delle orecchie con passaggio di funicella
4.	A 40 mancata denuncia di schiava illegalmente velata	PUBBLICA	come sopra

TAVOLETTA A

Copia: KAV 1 (O. Schroeder)
Numero di scavo: ASSUR 5987 - Photo Assur 710,713-718,983 sg.
Numero di museo (Berlino): VAT 10000
Misure: mm 320 X 205

TAVOLETTA A

Par. 1

(KAV 1,Col. I)

1. [S]e una donna, [sia] moglie di un uomo,
2. [si]a [figli]a di un uomo
3. [in] un tempio è entrata,
4. [dal] tempio [qu]alcosa
5. [del dio?] ha rub[ato,] x x
6. [ ] x x x
7. ed hanno portato prove [contro di lei]
8. e provata la colpevolezza [sua]
9. la prova [porteranno?]
10. Il [d]io interr[ogheranno].
11. [S]econdo quanto [nel trattare (la donna) il dio] dirà
13. la tratteranno.

Si tratta, come dice il Cardascia, 95, di una procedura che riguarda il furto sacrilego compiuto da una donna libera, che viene qui deferita ad una giurisdizione ecclesiastica. È ignota la procedura nei riguardi delle donne di condizione inferiore.

Alle ll. 1:5-6 rinunciamo qui alla lettura seguita finora [ša eš-r]e-ti t[a-al-ti]-ri-iq / [i+na qa-ti-ša] iṣ-ṣa-bi-[it], dimostrata poco accettabile da J.N. Postgate in "Iraq" 35,20-21 accettando in parte la lettura dello stesso Postgate (ib.).

Per la l. 9 ved. CAD B, 28a.

TAVOLETTA A

Par. 2

(KAV 1, Col. I)

14. S[e] una donna, o moglie di un uomo
15. o figlia di un uomo
16. una bestemmia pronunzia
17. o (il vizio del)l'insolenza della bocca
18. prende
19. questa donna
20. (la responsabilità del)la sua colpa porterà,
21. verso suo marito, i suoi figli (e) le sue figlie
22. non si avvicineranno.

Secondo il Cardascia, 97, il paragrafo rompe con una tradizione precedente secondo cui i parenti della donna erano chiamati in causa come corresponsabili.

Sull'interpretazione della natura dei delitti della donna non c'è sicurezza. Ved. Cardascia, 96 per le varie interpretazioni. Per I:17-18 seguiamo qui AHw, 657b.

TAVOLETTA A

Par. 3

(KAV 1,Col. I)

23. Se un uomo o è ammalato
24. o è morto (e) sua moglie nella sua casa
25. qualcosa ruba
26. o a un uomo o a una donna
27. o a qualcun
28. altro dà,
29. la moglie dell'uomo
30. e quelli che hanno ricevuto (=ricettatori)
31. uccideranno
32. e se la moglie di un uomo
33. il cui marito è vivente
34. nella casa di suo marito ruba
35. o a un uomo o a una donna
36. o a qualcun
37. altro dà,
38. l'uomo indagherà su sua moglie
39. e una pena imporrà,
40. e colui che ha ricevuto, che dalla mano
41. della moglie dell'uomo ha ricevuto
42. la refurtiva darà,
43. e la pena come quella che l'uomo
44. a sua moglie ha imposto
45. a chi ha ricevuto imporranno.

TAVOLETTA A

Par. 4
(KAV 1, Col. I)

46. Se uno schiavo o una schiava
47. dalla mano di una moglie di un uomo
48. qualcosa ricevono
49. dello schiavo e della schiava i loro nasi
50. e le loro orecchie taglieranno,
51. la refurtiva restituiranno, l'uomo di [su]a moglie
52. le orecchie ta[glie]rà,
53. e se s[ua] moglie rilascia
54. e le sue [orec]chie non taglia
55. dello schiavo e della schiava non taglieranno (nasi e orecchie)
56. la refurtiva non restituiranno.

Il primo paragrafo considera il caso di un furto avvenuto ad opera della moglie del padrone di casa. Si tratta, secondo noi, di un evidente esempio di come prevalesse la giustizia privata quando le colpe erano commesse dalla moglie; se il furto avviene quando l'uomo è ammalato o morto il delitto comporta la pena di morte sia per la ladra sia per i ricettatori: questo non tanto perché le circostanze lo facciano considerare particolarmente grave, ma perché la giustizia pubblica deve sostituirsi a quella privata (che non può esercitarla per malattia o decesso), e non può quindi che comminare la pena massima, perché solo al marito spetta ridurla o annullarla. Il paragrafo prevede infatti anche qui, come in altri punti delle leggi, che sarà il marito (ovviamente se vivo e sano) a stabilire la pena per la moglie, pena che toccherà anche al ricettatore, che dovrà rendere inoltre la refurtiva.

Il secondo paragrafo si riferisce al caso di furto quando il marito è vivo e sano, con la variante che il ricettatore è uno schiavo.

Secondo Cardascia, 101, invece, "le texte a pour objet de limiter la peine que la victime pourrait infliger à sa femme et au complice dans une espèce où la condition servile de celui-ci suggèrerait un châtiment plus sévère encore".

TAVOLETTA A

Par. 5

(KAV 1, Col. I)

57. Se la moglie di un uomo dalla casa di un altro (21) uomo
58. qualcosa ruba,
59. (e la refurtiva) a 5 mine di stagno
60. è superiore, (e) il padrone della refurtiva giura:
61. così: "Io non l'ho incitata a prendere" (dicendo):
62. così: "nella mia casa ruba!">,
63. se suo marito è d'accordo
64. lui la refurtiva darà e la libererà,
65. le sue orecchie taglierà.
66. Se suo marito per liberarla
67. non è d'accordo
68. il padrone della refurtiva prenderà lei
69. e il suo naso taglierà.

Il paragrafo (22) tratta del caso di un furto di notevoli proporzioni avvenuto nella casa di un uomo ad opera di una donna di un'altra famiglia. È evidentemente presupposto che sia stato ampiamente provato che il furto sia avvenuto e che la donna sia responsabile dell'azione. Essa è quindi colpevole se il legittimo proprietario giura di non aver autorizzato la donna a prelevare la refurtiva.

Le conseguenze di questo furto sono due, e dipendono dalla volontà del marito della donna colpevole. Egli può liberare la moglie restituendo la refurtiva (o il controvalore), e punire quindi la donna con la mutilazione delle orecchie.

Altrimenti il marito può rifiutarsi di rifondere il derubato che avrà così facoltà di punire la donna con una pena più severa, cioè la mutilazione del naso.

È possibile che il caso qui contemplato derivi da una situazione che costringe la donna ad abitare nella casa di un altro (forse come pegno in seguito ad un debito del marito).

La nostra traduzione alle linee I:61-62 differisce da quella del Cardascia (ed altri), che fa derivare i due discorsi diretti introdotti da <u>ma</u> dall'unico verbo alla l. I:60 (giurerà: "Io non l'ho autorizzata a prendere" e "(C'è stato) un furto nella mia casa").

---

(21). "Altro" è alla linea successiva.
(22). Il furto di proporzioni minori era senza dubbio punito, ma non sappiamo in quale misura.

TAVOLETTA A

Par. 6

(KAV 1, Col. I)

70. Se la moglie di un uomo un deposito
71. fuori (di casa, di città) mette
72. colui che riceve la merce
73. la "refurtiva porterà".

La spiegazione di questo breve e difficile paragrafo è controversa. Secondo Cardascia, 106, "l'accipiens pourra être poursuivi comme receleur, car le bien est présumé appartenir au mari. Le défendeur aurait à établir que la femme avait la juste disposition de ce bien".

Ciò presuppone l'interpretazione: "la (responsabilità per la) refurtiva porta", universalmente accettata.

In tal caso, l'interpretazione potrebbe avere una sfumatura diversa: si potrebbe cioè intendere che il mahirānu è comunque e sempre colpevole perché se una donna sposata porta fuori di casa qualcosa commette praticamente un furto se non ne è autorizzata, sia perché la maggior parte dei beni appartiene al marito, sia perché gli stessi beni di sua proprietà non possono essere alienati senza il consenso del marito.

La frase šurqa inašši non si presta però "sic et simpliciter" all'interpretazione proposta: našû significa essere responsabile per qualcosa in connessione con pāhatu "responsabilità" (es. KAJ 170:19-22).

Senza pāhatu ha in queste stesse leggi un significato analogo con arnu (Tav. A;par. 2 e 32 "portare (la responsabilità per) la colpa propria o di altri"). Con šurqu la traduzione letterale non favorisce molto, secondo noi, questa interpretazione, ma piuttosto induce a tradurre: "portar via la refurtiva" (e quindi tenersela), oppure "portare = restituire la refurtiva".

Contro la prima traduzione sta però il Par. 7 del codice di Hammu-rapi: "Se un uomo sia argento sia oro sia uno schiavo sia una schiava, sia un bue, sia una pecora sia un asino sia qualunque altra cosa dalla mano del figlio di un uomo o di uno schiavo di un uomo senza testimone o contratti ha acquistato o in deposito (a-na ma-ṣa-ru-tim) ha ricevuto (*mhr), quest'uomo è un ladro e sia ucciso".

Contro la seconda traduzione sta invece il fatto che quando un bene viene restituito le Leggi usano il verbo nadānu, oppure il verbo malû (cf. Tav. A par. 3 e 5; par. 4. Tav. C+G par. 5).

Il paragrafo 7 del Codice di Hammu-rapi testè ricordato, induce invece a pensare che il mahirānu è colpevole, e che l'interpretazione "porta la (responsabilità per) la refurtiva" è esatta (23).

Gli altri punti in cui compare questa frase, peraltro forse un po' troppo generica (stabilisce che uno è colpevole ma non stabilisce quale pena sia da comminargli), sono il par. 9 della

Tavoletta C+G ed il par. 1 della Tavoletta F.

Il Par. 9 di C+G è analogo a quello che stiamo esaminando; nonostante le molte lacune, sembra che voglia esprimere lo stesso concetto, con in più due aggiunte: la figura di chi fa illecitamente un deposito fuori casa (uno schiavo, e forse anche il figlio), ed il fatto che il mahirānu non ha avvisato il pater familias (il che, si presuppone, lo scagionerebbe difronte alla legge). Il mancato obbligo di avvisare il pater familias fa in modo che il ricettatore šurga inašši: ed è una prova che la frase indica colpevolezza.

Il Par. 1 della Tav. F è ancor più lacunoso, ed anzi non è nemmeno sicura, secondo noi, la stessa presenza della frase (la riga in cui si trova è universalmente ricostruita: ù šur-ga-ša UDU i-[na-aš-ši]). Dobbiamo dire che in questo contesto la traduzione "p[orta] (la responsabilità per) il furto della pecora" non ci sembra accettabile; se "portare la responsabilità di una refurtiva" è una frase generica che indica colpevolezza, è sovrabbondante ed inutile in un contesto in cui viene riportata dopo l'elenco delle pene comminate al colpevole.

Il paragrafo tratta infatti di un delitto compiuto a proposito di pecore: forse furto, ed anche alterazione del marchio; al colpevole vengono comminate pene severe, ed alla fine del loro elenco viene la frase "la refurtiva della pecora [...] (šurga ša UDU i-[...]. Che "portasse la responsabilità della refurtiva" era, in questo caso, più che ovvio, visti i patimenti a cui il colpevole è stato condannato, e la frase dunque non ha giustificazione.

In questo contesto proponiamo dunque l'integrazione šurga ša UDU i-[da-an]: frase che indicherebbe l'obbligo di restituzione della refurtiva. A conclusione della nostra analisi, ci sembra dunque che la frase šurga našû sia stata esattamente interpretata come "essere responsabile di una refurtiva" per il Par. 6 della Tav. A ed il Par. 9 della Tav. C+G, mentre non riconosciamo l'esistenza di questa frase nel Par. 1 della Tav. F.

---

(23). Cf. anche il Par. 4, in cui si pressuppone senz'altro che qualunque cosa consegnata da una donna sposata a uno schiavo sia senz'altro rubata.

TAVOLETTA A

Par 7

(KAV 1, Col. I)

74. Se una donna la mano contro un uomo leva
75. e hanno portato prove a suo carico
76. 30 mine di stagno darà,
77. con 20 bastonate la batteranno.

Come ha fatto notare il Cardascia, 107, la pena è grave perché è stato un inferiore (la donna) a colpire un superiore (l'uomo).

Il fatto che debba pagare una multa così alta non implica necessariamente, secondo noi, che il caso tratti di donne che abbiano beni propri; possono essere infatti implicate altre donne, per cui risponderanno i rispettivi padri o mariti.

TAVOLETTA A

Par. 8

(KAV 1, Col. I)

78. Se una donna in una rissa un testicolo
79. di un uomo ha rotto
80. un suo dito taglieranno,
81. e se un medico (l') ha rimesso a posto
82. (ma) l'altro testicolo con quello (=come il primo)
83. è rimasto colpito (=affetto da malattia)
84. e un'[in]fiammazione porta,
85. [oppu]re nella rissa
86. l'altro [testi]colo ha rotto
87. [i (capezzoli dei?) seni?] suoi ambedue strapperanno.

Il paragrafo tratta di una pena veramente lieve per una donna che provoca la perdita di un testicolo: il taglio di un dito.

Nella seconda parte è trattato il caso della perdita di ambedue i testicoli, sia che il fatto avvenga per opera diretta della donna, sia che avvenga in conseguenza della ferita del primo; poiché l'uomo è messo in condizioni di non potere più procreare, la donna deve subire una punizione assai più severa: le viene strappata una parte del corpo "doppia"; il testo qui è eraso, e non si sa quindi di quale parte del corpo si tratti: più che gli occhi, sono forse i capezzoli. Per l'integrazione in I:84 ved. anche CAD. E,295a.

TAVOLETTA A

Par. 9

(KAV 1, Col. I)

88. [Se] un uomo la mano verso la moglie di un uomo
89. [ha port]ato, x x x l'ha trattata,
90. [han]no portato prove contro di lui,
91. hanno accertato la sua colpevolezza
92. [un] dito suo taglieranno.
93. [S]e l'ha baciata
94. il suo [la]bbro inferiore
95. [davan]ti al fodero(?) di un'ascia
96. tire]ranno (e) taglieranno.

Per la traduzione di I: 89 cf. CAD B,342a, che trascrive kî bu-ri ("come un giovane toro"). Se la trascrizione è giusta sembrerebbe esserci un riferimento ad un tentativo di violenza, o forse solo a confidenze un pò eccessive, come se l'uomo si comportasse insomma come un giovane animale in amore.

La pena non eccessivamente severa può dare un'idea della gravità dell'azione, anche dietro l'utile confronto con quella comminata a chi bacia una donna sposata.

Il Cardascia, 109, preferisce la trascrizione kî širri, "come un fanciullo ", (riferito alla donna, non al colpevole) e pensa anch'egli ad una violenza leggera. La trascrizione proposta ci sembra però che ponga altrettanti interrogativi, oltre a cozzare con l'inusitato šir del Medioassiro.

Poichè questo paragrafo è situato tra due che trattano di violenza, ma non a sfondo sessuale, viene anche il dubbio che l'espressione in I:89 voglia significare un generico maltrattamento, avvicinato al comportamento aggressivo degli animali; in tal caso il verbo in I:93 potrebbe essere più giustamente tradotto come "mordere" (così, ad esempio, il Furlani); solo "küssen" però in AHw, 758-759.

Per. I:95 ved. AHw, 241a.

TAVOLETTA A

Par. 10

(KAV 1, Col. I-II)

97. [Se] un uomo o una donna
98. [nella casa di un uo]mo è entrato,
99. [o un uomo oppu]re una donna ha ucciso,
100. [al padrone della casa gli o]micidi
101. [daranno] (e lui) se vuole
102. li [uccide]rà
103. [(o) se vuole ad un accordo arri]verà,
104. [qualunque cosa loro] prenderà,
(Col. II)
1. [e se nella casa] degli om[icidi]
2. qualco[sa da dare non c'è]
3. o un fig[lio o una figlia]
4. [. . .]
5. [. . . nell]a casa [. . .]
6. [. . .]

Il paragrafo, molto rovinato ma comunque ricostruito, almeno fino alla quart'ultima riga, con una certa probabilità, tratta dell'omicidio avvenuto ad opera di chi si introduce nella casa di un altro (o per una rapina o per una vendetta privata). Gli omicidi catturati sono soggetti ad una giustizia privata ad opera del pater familias al cui nucleo familiare apparteneva il defunto (EN É = bēl bīti ricostruito, ma è probabile; e comunque nella lacuna doveva apparire una parola di concetto analogo, come EN napšate).

Il "padrone della casa" può condannare a morte gli omicidi oppure, in cambio della vita, appropriarsi di tutti i loro beni; nel caso che essi siano nullatenenti, sembra che possa appropriarsi di un loro figlio, da tenere evidentemente in schiavitù nella sua casa.

Le ultime tre linee sono incomprensibili. È possibile comunque che contenessero una ulteriore clausola; forse: "se gli omicidi non hanno figli, possono essere ridotti in schiavitù loro stessi nella casa del pater familias".

TAVOLETTA A

Par. 11

(KAV 1, Col. II)

7. [Se . . .]
8. [. . .]
9. [. . .]
10. [. . .]
11. [. . .]
12. [. . . il lavoro]
13. del r[e] far[à . . .]

Il paragrafo è completamente rovinato e incomprensibile. Non è chiaro nemmeno l'argomento, posto com'è tra il caso di omicidio (Par. 10) e il caso di violenza carnale (Par. 12). Possiamo solo dire che la pena per questo ignoto delitto consiste nella condanna ad un certo periodo di lavori forzati.

TAVOLETTA A

Par. 12

(KAV 1, Col. II)

14. Se la moglie di un uomo nella piazza (= luogo pubblico)
15. è passata e un uomo la! ha presa
16. (e) così: "Che io giaccia con te" le ha detto,
17. (e) lei non era d'accordo e ha continuato a (volere) mantenersi intatta,
18. e di forza lui l'ha presa
19. e con lei è giaciuto,
20. sia che sulla moglie dell'uomo lo abbiano sorpreso,
21. o sia che con la donna sia giaciuto
22. testimoni abbiano portato prove contro di lui,
23. l'uomo uccideranno
24. (mentre) per la donna non ci sarà punizione.

Il paragrafo tratta della violenza carnale seguente il ratto di una donna sposata e non consenziente. L'uomo che si è macchiato di questo delitto è condannato a morte.

Come ha fatto notare il Cardascia, 116, il marito non viene nominato "... il n'intenvient pas dans la repression. Celle-ci est publique comme le délit lui-même. Le mari intervient au contraire lorsque sa femme est coupable, car il est seul habilité à la punir".

TAVOLETTA A

Par. 13

(KAV 1, Col. II)

25. Se la mo[g]lie di un uomo dalla casa sua (= di lei)
26. è uscita (e) presso un uomo
27. dove lui abita è andata
28. (e) lui è giaciuto con lei, (e) che (era) moglie di un uomo
29. lui sapeva, l'uomo e anche la donna uccideranno.

Par. 14

(KAV 1, Col. II)

30. Se la moglie di un uomo un uomo o
31. in una locanda o nella piazza
32. (il quale) che (fosse) moglie di un uomo sapeva
33. (ed) è giaciuto con lei, come l'uomo (= il marito)
34. dirà di trattare sua moglie (24)
35. (così colui che è giaciuto tratteranno.
36. Se che (fosse) la moglie di un uomo non sapeva,
37. (ed) è giaciuto con lei,
38. colui che ha giaciuto è libero,
39. l'uomo (= il marito) verso sua moglie porterà
40. secondo il suo cuore (= come vorrà) la tratterà.

Par. 15

(KAV 1, Col. II)

41. Se un uomo con sua moglie un uomo ha sorpreso,
42. hanno portato prove contro di lui
43. (ed) hanno provato la sua colpevolezza,
44. ambedue
45. li uccideranno,
46. punizione per lui non ci sarà.
47. Se (lo) ha preso (e) sia davanti al re
48. sia davanti ai giudici (lo) ha portato,
49. hanno portato prove contro di lui
50. (ed) hanno provato la sua colpevolezza,
51. se il marito della donna sua moglie ucciderà,
52. anche l'uomo ucciderà
53. se il naso di sua moglie taglierà
54. l'uomo evirerà, (25)

----

(24). "Sua moglie" è alla linea precedente (II:33).
(25). Per l'espressione ana ša rēšen utâr "privare dei testicoli, rendere eunuco" cf. AHw 974b.

55. e la sua faccia tutta sfregeranno,
56. e se s[ua] moglie [rilascerà]
57. (anche) l'uomo r[ilascerà].

Par. 16

(KAV 1, Col. II)

58. Se un uomo la mogli[e di un uomo per . . .]
59. della sua (= di lei) bocca [è giaciuto con lei]
60. pena per l'uomo non ci sa[rà].
61. L'uomo (= il marito) alla donna sua moglie la pena
62. secondo il suo cuore (= come vorrà) imporrà.
63. Se a forza è giaciuto con lei
64. hanno portato prove contro di lui
65. (e) hanno dimostrato la sua colpevolezza,
66. la sua pena (sarà) come quella della moglie dell'uomo.

I Par. 13-16 possono essere consiferati insieme perché trattano dell'adulterio.

1. Caso (Par. 13). Adulterio avvenuto nella casa di un uomo presso cui si è recata la donna sposata; L'uomo è consapevole del fatto che l'amante è una donna sposata: il fatto è considerato perticolarmente grave, probabilmente perché non è ritenuto occasionale ma implica una tresca tre i due amanti. La pena è la morte per ambedue.

2. Caso (Par. 14). Adulterio avvenuto in una locanda o nella pubblica via. Probabilmente perché ritenuto occasionale, il reato non imlica necessariamente la pena di morte. La punizione viene affidata al marito che è libero di agire come vuole nei riguardi della moglie. La stessa punizione inflitta dal marito alla moglie toccherà anche all'amante occasionale, se era consapevole di giacere con una donna sposata.

3. Caso (Par. 14). Come sopra, con la variante che l'uomo non sapeva di giacere con una donna sposata (avendola avvicinata in una locanda o nella pubblica via, può aver creduto che fosse una prostituta). In questo caso l'uomo non è ritenuto colpevole, mentre per la donna vale quanto stabilito sopra.

4. Caso (Par. 15). Sembra che questo quarto caso riunisca i primi due, con la variante che è il marito a sorprendere la coppia adultera. In questo caso si possono verificare due fatti: il primo è l'uccisione da parte del marito (con il concorso di parenti o amici, dato che il verbo è al plurale?) della coppia adultera; la legge stabilisce che al marito

è lecito sopprimere moglie ed amante, purche' siano veramente colpevoli È possibile (cf. anche il codice ittita, par. 197). E' possibile che questo caso voglia comprendere anche il cosiddetto "delitto passionale". Invece di uccidere i due amanti, il marito può denunciarli o al re, giudice per eccellenza, o ai giudici. Anche in questo caso la giustizia è privata, con il consenso delle autorità; al marito cioè è lecito uccidere la moglie, o mutilarle il naso in modo che provochi repulsione, o perdonarla. All'amante della moglie è comminata la stessa pena della donna, con la variante che oltre ad essere sfregiato viene anche evirato, per impedirgli di ricadere nella stessa colpa.

5. Caso (Par. 16). Adulterio commesso da una donna con un uomo che ha agito [. . .] <u>pîša</u> ("della bocca di lei"). L'integrazione è impossibile per mancanza di paralleli. Cardascia, 125, propone [<u>ina lumun</u>] seguendo Driver, il che è possibile ma lontano dalla certezza. Il senso sembra essere comunque questo: l'uomo si è unito alla moglie di un altro in seguito alle sue parole, probabilmente menzognere riguardo al suo stato di coniugata. Ingannato dalla donna, non è colpevole. Questo quinto caso sembra essere dunque nient'altro che una specificazione del terzo, del quale ripete la clausola che riguarda la punizione della donna.

6. Caso (Par. 16). L'espressione "a forza" di II:63 è identica a quella usata nel caso di violenza carnale nei riguardi di una donna sposata e non consenziente (Par. 12). Qui però c'è il diretto legame con il caso precedente (siamo nel medesimo paragrafo) ed una punizione anche per la donna, che viene quindi considerata correa. Sembra trattarsi quindi di una violenza ad una donna disposta a donarsi, ma non ad essere violentata (26).

In questo caso la punizione è uguale a quella del II caso (adulterio in una locanda o nella pubblica via) e alla variante del IV (adulterio scoperto dal marito, che denuncia la coppia all'autorità).

Per altre considerazioni e varianti di interpretazioni riguardo a questi paragrafi ved. Cardascia, 117-126.

Per altri casi di adulterio ved. oltre, ai Par. 22-23 di questa stessa tavoletta.

---

(26). Il Cardascia, 125, per risolvere l'indubbio problema suscitato da questo paragrafo, pensa che alla fine di II:59 ci fosse il verbo [<u>it-ti-ši-iq(-ši)</u>] (cf. Driver), cioè [l'ha abbracciata].

L'uomo quindi non sarebbe colpevole se indotto ad un <u>petting</u> dalle menzogne della donna; lo sarebbe invece se "passant outre aux limites que la femme imposait au jeu amoureux, il l'a prise de force").

TAVOLETTA A

Par. 17

(KAV1, Col.II)

67. Se un uomo a un uomo ha detto
68. così:<< (Con) tua moglie continuano a giacere >>
69. (e) testimoni non ci sono,
70. stabiliranno degli accordi (27)
71. al fiume andranno.

Par. 18

(KAV1, Col. II)

72. Se un uomo al suo vicino
73. o in segreto o in una rissa
74. ha detto così: <<(Con) tua moglie continuano a giacere>>,
75. (e) così: <<Io (lo) proverò >>,
76. (ma) prova non ha portato
77. (e quindi) non ha provato (la sua accusa), quest'uomo
78. (con) 40 bastonate lo batteranno,
79. un mese intero il lavoro del re farà
80. lo raderanno (28)
81. e un talento di stagno darà.

Par. 19

(KAV1, Col. II)

82. Se un uomo in segreto
83. verso il suo vicino parola ha portato,
84. (dicendo) così:<< (Con) lui continuano a giacere>>
85. o in una rissa davanti a della gente
86. gli ha detto così:<<(Con) te continuano a giacere>>
87. (e) così:<<Verso di te porterò prove>>, (e) prova
88. non ha portato
89. (e quindi) non ha provato (la sua accusa), quest'uomo
90. con 50 bastonate lo batteranno,
91. un mese intero il lavoro del re farà,
92. lo raderanno e un talento di stagno darà.

---

(27).Cardascia, 126: "ils feront un accord ?". Secondo AHw, 985b: "Verordnung, Verfügugung (erlassen)".

(28).Per *gadāmu* ved. CAD G, 8b; cf. AHw, 273a.

I tre paragrafi sono legati, e contemplano casi di accusa di prostituzione (o comunque di continuo tradimento verso il marito) nei riguardi di una donna sposata, e di sodomia nei riguardi di un uomo (29). Nei Par. 17 e 18 la legge parla chiaro: quando l'accusa non è provata, il calunniatore è punito con lo stesso tipo di pena sia che l'accusa fosse di adulterio sia che fosse di sodomia; la sola differenza consiste in 40 colpi di bastone, anzichè 50, nel primo caso, evidentemente a causa della minore importanza della donna. Per il resto anche la portata della pena coincide: un mese di lavori forzati, la rasatura (della barba e/o dei capelli) e la multa di un talento di stagno.

Più difficile, nella sua concisione, è il primo paragrafo (Par. 17). L'accusa è identica a quella contemplata nel Par. 18, ma le modalità sono differenti: in un caso si ricorre all'ordalia, nell'altro si passa senz'altro alla pena. Due fatti possono aiutarci a spiegare queste differenze: il primo consiste nell'accusa, che nel Par. 18 viene fatta "in segreto" o durante una lite (cf. il Par. 19, con analoghe pene); il secondo consiste nell'espressa richiesta di prove (sempre nel Par. 18), in mancanza delle quali si passa senz'altro alla pena. La mancanza di questi particolari al Par. 17 sembra quindi suggerire che ci troviamo di fronte ad un caso diverso: forse l'accusatore è qui un informatore amichevole, ma meglio ancora è un testimonio oculare, che non agisce per maldicenza o calunnia, ma è convinto di quello che dice senza essere in grado di portare prove e testimonianze altrui, e forse lo dichiara espressamente (al contrario del calunniatore del Par. 18, che promette prove ma poi non le produce).

In tal caso si impone l'ordalia del fiume, e le parti (almeno sembra, se la traduzione di <u>riksāte išakkunū</u> è giusta) stabiliscono delle norme a proposito di questa prova, per un chiarimento della verità che avviene, pare, al di fuori dell'autorità giudiziaria e quindi in forma assolutamente privata (cf. il Par. 22, che contempla l'ordalia del fiume, ma senza <u>riksāte</u>).

Una questione che riguarda questi paragrafi, il successivo (Par. 20) ed altri è quella del vero significato del <u>tappā'u</u>, il "vicino": più che un tipo particolare di persone, nominato qui in contrapposizione con altre, per cui vigevano norme diverse, <u>tappā'u</u> deve essere qui inteso secondo noi come un uomo qualsiasi, chiamato "vicino" o perché questi paragrafi utilizzano fonti differenti rispetto agli altri o perché la conoscenza della vita intima delle persone (e più ancora l'intimità stessa dei sodomiti, Par. 20) è più propria dei vicini di casa o dei conoscenti, piuttosto che di persone assolutamente estranee.

Ved. per questa ed altre questioni attinenti i Par. 17-19 Cardascia, 126-133.

---

(29).Questo articolo ed il successivo che non riguardano le donne (argomento della Tav.A), sono stati scritti evidentemente per lo stretto legame con i due precedenti.

TAVOLETTA A

Par. 20

(KAV 1, Col. II)

93. Se un uomo (con) il suo vicino è giaciuto,
94. hanno portato prove contro di lui,
95. hanno provato la sua colpevolezza,
96. giaceranno con lui,
97. lo evireranno.

Il paragrafo, legato al precedente (accusa di sodomia), condanna il sodomita; il fatto che si parli di una sola persona colpevole, e soprattutto la natura della pena (essere sottoposto a sodomia, ovviamente passiva, oltre alla castrazione) chiarificano che viene punita solo la sodomia attiva, intesa come forma di violenza. Ved. Cardascia, 134-15.

TAVOLETTA A

Par. 21.
(KAV 1, Col. II)

98. Se un uomo la figlia di un uomo ha percosso,
99. quello del suo cuore (= feto) le ha fatto abortire
100. hanno portato prove contro di lui
101. (ed) hanno provato la sua colpevolezza,
102. due talenti (e) 30 mine di stagno darà,
103. (con) 50 bastonate lo batteranno
104. un mese intero il lavoro del re farà.

Il paragrafo 21 deve essere confrontato con il Par. 50 (e sgg.). Nel Par. 50 viene punito chi provoca un aborto ad una donna sposata, per averla percossa. Qui si tratta del medesimo atto (e della medesima conseguenza) compiuto nei riguardi di una mārat a'īli, cioè una "figlia di un uomo", ma la pena è minore: invece della legge del taglione (nel Par. 50 la pena consiste nel fare abortire la moglie del colpevole), il violento viene qui condannato ad una forte multa (2 talenti e 30 mine), a 50 colpi di bastone e ad un mese di lavori forzati.

Secondo il Cardascia, 136-138 per cui mārat a'īli designa una condizione sociale (cioè ogni donna di condizione libera) e non uno stato civile (donna nubile), la spiegazione per la differenza della pena è data dal fatto che un paragrafo (Par. 50) tratta di un delitto privato e di pena privata, mentre l'altro (Par. 21) tratta di delitto pubblico e pene pubbliche. Nel primo caso si tratta di una donna sposata sotto la potestà del marito, per cui è necessaria la legge del taglione per compensare lo squilibrio prodotto tra due famiglie con la perdita di un futuro membro da parte di una. Nel secondo caso invece si tratta di una donna che può essere sia nubile, sia vedova o moglie di un marito assente. In questo caso, non essendoci donna sottomessa all'autorità di un marito, non esisterà nemmeno una famiglia colpita e quindi non si ravviserà la necessità di applicare il taglione. Non potendo tuttavia restare impunito il delitto, interviene la comunità che punisce l'aggressore con pene pubbliche.

Questa distinzione non riesce a convincerci completamente, specie per la mancanza di elementi determinanti a provare che la "figlia di uomo" designi una condizione sociale e non uno stato civile. Ci sembra invece che non ci sia alcun ostacolo al pensare che il termine designi proprio lo stato di nubile, e che sia la differenza dello stato civile a determinare la differenza della pena: essa può essere dovuta al fatto che il figlio della nubile è frutto di una unione illecita (30); ma più ancora può aver avuto influenza la posizione della donna

---

(30). Per il Cardascia la posizione del paragrafo, distinto dal N. 50 a cui dovrebbe essere invece strettamente collegato, è dovuta all'analogia della pena con le pene discusse nei Par. precedenti. La ragione potrebbe essere invece dovuta all'analogia con i delitti, che trattano di atti illeciti, dei quali lo stato interessante della

rispetto all'uomo che ha potestà su di lei: per il padre della donna il nipote può avere la sua importanza, ma certo non tanto quanto può averla un figlio per il padre, per il quale costituisce un bene ed una garanzia di continuità della stirpe.

---

nubile è una conseguenza.

TAVOLETTA A

Par. 22.
(KAV 1, Col. II-III)

105. Se la moglie di un uomo (un uomo che) non (è) suo padre
106. non suo fratello (e) non suo figlio
107. (ma) un altro uomo, un viaggio
108. le fa intraprendere e che (fosse) moglie
109. di un uomo non sapeva, giurerà
110. e due talenti di stagno
111. al marito della donna darà.

(Col. III)

1. [S]e ch[e (fosse) moglie di un uomo sapeva]
2. [c]ompensazioni da[rà, giurerà]
3. [cos]ì: <<Non sono gi[aciuto con lei]>>.
4. E se la moglie [dell'uomo dice]
5. [cos]ì: <<E' giaciuto con me>>
6. [anche se] l'uomo compensazioni
7. [all']uomo ha dato,
8. [al fiu]me andrà
9. [acc]ordi con lui non ci saranno;
10. se dal fiume è ritornato (= ha rifiutato l'ordalia)
11. come il marito della donna sua moglie
12. avrà trattato, (così) nei suoi riguardi
13. lo tratteranno.

Il caso descritto in questo paragrafo va annoverato fra i casi di adulterio. *Harrānu* può significare sia viaggio, sia affare commerciale, ma poiché quello che si vuole punire è l'eventuale adulterio, sembra che il significato "viaggio" sia più idoneo. La legge prescrive dunque che la donna può allontanarsi dalla casa solo in compagnia di stretti famigliari: padre, fratello, figlio (oltre ovviamente al marito, sottinteso). E' lecito tuttavia all'uomo intraprendere viaggi insieme a donne a cui non è imparentato, senza subire alcuna pena: lo si evince dal testo stesso. Evidentemente poteva farlo con prostitute, o con delle vedove-*almattu*, o altre. Con le donne sposate era ovviamente proibito, ma l'uomo che ignorava il loro stato di coniugate non è passibile che di una multa (due talenti di stagno): un risarcimento che negli altri casi di adulterio in cui l'uomo non è ritenuto colpevole (31) non esiste. E' probabile che questa differenza sia legata proprio al concetto di viaggio: o perché si presume che in questo caso l'adulterio sia avvenuto più di una volta, o perché si ritiene necessario risarcire il marito del mancato lavoro della moglie nel periodo in cui si è assentata.

Se il caso del viaggio di donna maritata con uomo ignaro del suo

---

(31). Par. 14, adulterio in una locanda o nella pubblica via; Par. 16, adulterio avvenuto per istigazione della donna.

stato coniugale comprende l'eventualità dell'adulterio, sicché l'uomo deve limitarsi a pagare una multa sia che abbia avuto rapporti con la donna sia che non li abbia avuti, nel caso di viaggio con uomo consapevole dello stato dell'adultera è necessario fare una distinzione, fondamentale ai fini della pena. Questa distinzione riguarda naturalmente i rapporti che ha avuto con la donna; nel caso non li abbia avuti, lo dichiara con un giuramento, ma è sempre considerato colpevole, per cui deve dare "compensazioni" al marito (in una misura non dichiarata, e dunque o a discrezione del marito stesso o corrispondentemente al risarcimento nominato sopra, cioè due talenti di stagno).

Può verificarsi però il caso che la donna lo smentisca, dichiarando l'esistenza di rapporti intimi durante il viaggio. Ci si chiede per quale ragione una donna potesse arrivare a fare una simile dichiarazione, aggravando così la propria posizione. Probabilmente la donna era già tanto colpevole per aver effettuato il viaggio con un estraneo che la sua posizione aveva già raggiunto la gravità estrema, sicché poteva accusare l'amante per una sorta di vendetta per essere stata sedotta e quindi di conseguenza punita (32).

Qualunque fosse la ragione, l'accusa era tale da rendere necessario l'accertamento della verità mediante l'ordalia del fiume. La legge parla chiaro: le "compensazioni" al marito non bastano; se l'uomo è colpevole, è passibile di una pena assai più grave che una semplice multa. L'ordalia dunque si impone; e deve trattarsi qui di un tipo di ordalia <u>canonica</u>, cioè di quella più grave, che esponeva forse alla morte chi vi fosse assogettato. Viene specificato infatti che non ci devono essere accordi fra le parti sulle norme che regolano la prova, a differenza di quanto stabilito nel Par. 17. La frase "se dal fiume ritorna", non sembra debba essere intesa "se dal fiume torna vivo" (e quindi con la prova di essere innocente) perché la pena è quella che si commina ad un colpevole. E' giusto quindi interpretare "se ricusa l'ordalia del fiume" (cf. anche Cardascia, 139), o "se ritorna dal fiume (senza essersi sottoposto alla prova)" (si confrontino anche i documenti processuali di Nuzi, con il medesimo significato). Con questo atto l'uomo si riconosce automaticamente colpevole, per cui deve subire la stessa pena che il marito commina alla moglie, che è poi la punizione che tocca agli adulteri (cf. Par. 14, 15, 16, ed anche il paragrafo successivo).

---

(32).Altre ipotesi per spiegare questo comportamento (accusa di violenza per avere diminuita la pena; promessa del marito di attenuare la punizione alla moglie pur di avere il suo avallo per punire il sospetto seduttore) in Cardascia, 140.

TAVOLETTA A

Par. 23.
(KAV 1, Col. III)

14. Se la moglie di un uomo la moglie di un uomo
15. nella sua (=di lei) casa ha preso,
16. a un uomo per giacere l'ha data,
17. e l'uomo che (fosse) moglie di un uomo sapeva,
18. come chi con la moglie di un uomo è giaciuto
19. lo tratteranno, e come il marito della donna
20. sua moglie che è giaciuta ha trattato
21. la donna mezzana tratteranno.
22. E se il marito alla donna sua moglie
23. che ha giaciuto qualcosa non fa,
24. a colui che è giaciuto e alla mezzana
25. qualcosa non faranno,
26. li lasceranno (liberi);
27. e se la moglie dell'uomo non sapeva (i disegni degli altri due)
28. e la donna che nella sua casa
29. l'aveva presa
30. con l'inganno(?) l'uomo da lei
31. ha fatto entrare e lui è giaciuto con lei,
32. se nel suo uscire dalla casa
33. dice che è giaciuta,
34. la donna lasceranno; è libera.
35. Colui che è giaciuto e la mezzana
36. uccideranno,
37. e se la donna non ha detto (nulla),
38. l'uomo a sua moglie la pena secondo il suo cuore
39. imporrà, l'uomo che è giaciuto
40. e la mezzana uccideranno.

Anche il Par. 23 tratta dell'adulterio, prospettandone un nuovo caso. Vi compare infatti la figura di una mezzana, che per ragioni non specificate (ma probabilmente al solo scopo di lucro) favorisce rapporti intimi tra un uomo ed una donna sposata, abitante in casa sua. Evidentemente la condizione di abitare presso un'altra famiglia era quella che più favoriva queste mene. Ci si chiede quali fossero le ragioni che portavano una donna a vivere al di fuori della sua famiglia, pare tra estranei; il termine aššat a'īli usato anche per lei specifica che la sua condizione sociale è uguale a quella della donna che la ospita, e dobbiamo quindi escludere ogni forma di schiavitù; si sarà trattato dunque del caso di una donna ceduta momentaneamente in pegno dal marito debitore (in altri paragrafi si parla di "figlie di a'īlu" dimoranti in casa altrui come pegno, e da essi si evince che non devono essere trattate come schiave, ma anzi devono essere rispettate), o comunque questo doveva essere il caso più comune (33).

---

(33). Secondo Cardascia, 142, si tratta qui di una donna che favorisce

Nella prima parte del paragrafo viene considerata la colpa di tutti e tre: dell'uomo consapevole di giacere con una donna sposata, della donna che ha acconsentito ad unirsi a lui, ed infine della mezzana che ha favorito la tresca; la pena è quella che tocca agli adulteri (cf. il paragrafo precedente): il marito punisce la moglie a sua discrezione, e la stessa pena viene comminata all'adultero, oltre che alla mezzana, figura nuova rispetto agli altri paragrafi che trattano dell'adulterio, e che viene considerata dunque colpevole come gli altri due. Come già altrove, la legge specifica che se alla donna adultera non viene comminata alcuna pena da parte del marito, anche l'adultero e la mezzana non subiranno alcuna punizione.

Non viene posto il caso in cui l'uomo ignora lo stato coniugale della donna adultera, ma sappiamo da altri paragrafi (cf. il precedente) che non era passibile di pena. La seconda parte del paragrafo prevede il caso in cui la donna abitante nella casa della prosseneta sia stata indotta a prostituirsi <u>kī pīgi</u> (AHw, 862a: <u>pīgu</u> "Belügen, falsche Angabe"). Ingannata, non è colpevole; per la mezzana e per l'uomo colpevoli (34) il fatto costituisce una aggravante che li fa condannare a morte.

C'è infine una circostanza intermedia, il cui vero significato non è immediatamente chiaro: il caso in cui la donna è stata vittima di un inganno, però non lo rivela; la spiegazione può forse venire dalla frase in III: 32, compresa nell'ipotesi precedente (la donna rivela di essere stata sedotta con l'inganno "nel suo uscire dalla casa" cioè subito appena le è possibile); dobbiamo dunque considerare in questa ipotesi intermedia il caso di una donna sedotta con l'inganno, ma che non si affretta a denunciarlo; se i fatti vengono rivelati e si deve procedere contro i colpevoli, non servirà a nulla alla donna dichiarare tardivamente di essere stata ingannata, ai fini della pena che deve subire. La mezzana ed il complice, rei dell'inganno, sono sempre e comunque condannati a morte, a prescindere dal comportamento e quindi dalla pena della donna che hanno ingannato.

Ved. su questo paragrafo Cardascia, 142-144.

---

rapporti adulteri accogliendo nella sua casa una donna sposata ed il suo amante: ipotesi che riteniamo valida e possibile.

(34). Il testo parla di <u>kī pīgi</u> della mezzana, ma il fatto che la stessa pena è comminata all'uomo presuppone che anch'egli fosse colpevole come la donna, e quindi d'accordo con lei.

TAVOLETTA A

Par. 24.
(KAV 1, Col. III)

41. Se la moglie di un uomo dal cospetto di suo marito
42. spontaneamente si è sottratta,
43. o dentro quella città
44. o in città vicine
45. dove una casa le hanno assegnato
46. nella casa di un "assiro" è entrata
47. con la padrona della casa ha dimorato,
48. 3 (o) 4 quattro volte ha pernottato, (e) il padrone della casa
49. che la moglie di un uomo nella sua casa
50. dimorasse non sapeva,
51. in seguito questa donna
52. è stata presa, il padrone della casa la cui moglie
53. [dal co]spetto suo spontaneamente
54. [si era sot]tratta sua moglie
55. [mutilerà (e) non] riprenderà.
56. [(Alla) mogl]ie dell'uomo con la quale sua moglie
57. ha dimorato le orecchie taglieranno;
58. se vuole suo marito 3 talenti e 30 mine
59. di stagno come prezzo di lei darà,
60. e se vuole sua moglie prenderanno.
61. E se il padrone della casa che la moglie di un uomo
62. nella sua casa con [sua] moglie
63. dimorasse sa[peva],
64. il triplo? darà,
65. e se ha negato,
66. (e) <<Non lo sapevo>> dice,
67. al fiume andranno.
68. E se l'uomo nella cui casa la moglie di un uomo (35)
69. ha dimorato
70. dal fiume è ritornato (= ha rifiutato l'ordalia)
71. il triplo? darà.
72. Se l'uomo la cui moglie dal suo cospetto
73. spontaneamente si è sottratta
74. dal fiume è ritornato (=ha rifiutato l'ordalia) (36), è libero.
75. Le spese del fiume (=dell'ordalia) compenserà.
76. E se l'uomo la cui moglie
77. dal suo cospetto spontaneamente
78. si è sottratta
79. sua moglie non ha mutilato
80. e sua moglie prende
81. non c'è alcuna punizione.

----

(35). "Nella cui casa" è nella riga successiva.
(36). Per CAD G, 77b "if he returns innocent".

Questo lungo paragrafo, posto alla fine dei casi in cui si tratta di adulterio, è ad essi legato perché la donna colpevole viene trattata come se fosse un'adultera, anche se questa colpa non viene presa in considerazione: per la legge assira bastava per una donna abbandonare il marito e pernottare con una certa frequenza nella casa di un assiro (gente libera ma di condizione sociale inferiore) per screditarsi, ed offendere quindi il marito, come se fosse adultera. La legge pone il caso di una donna che faccia questo sia nella città dove abita sia in una città vicina, dove le è stata assegnata un'abitazione: una specificazione necessaria forse perché erano probabilmente le donne che abitavano in una casa secondaria e quindi lontano dal marito che approfittavano più facilmente dell'occasione per allontanarsi (37).

La pena per la donna fuggitiva è riportata in un contesto rotto, in cui si legge soltanto "prenderà", ma l'ultima clausola del paragrafo (amnistia per gli altri colpevoli se il marito non punisce la moglie) ci permette di ricostruirla, perché vi è scritto " se ... sua moglie non ha mutilato e sua moglie prende". La pena quindi sembra essere la mutilazione ed il non essere presa, cioè il ripudio.

La donna assira che ha accolto la fuggitiva nella sua casa è senz'altro colpevole, ed è condannata al taglio delle orecchie; suo marito però può intervenire: se vuole, può riscattarla pagando tre talenti e 30 mine di stagno, altrimenti, se vuole, "sua moglie prenderanno", frase poco chiara ma che vuole forse significare, più che una riduzione in schiavitù della donna (non si saprebbe presso chi), la mutilazione di cui si è parlato sopra; il significato sarebbe dunque: "se vuole suo marito può riscattarla, altrimenti la prenderanno per mozzarle le orecchie".

Più complicato è il caso del marito consapevole del fatto che sua moglie ospitava una donna maritata. Egli deve pagare una indennità: 3a-te, che potrebbe significare sia "un terzo" (così il Cardascia, 148) sia "il triplo" (così GAG Par. 71c; Mayer, UGM Par. 59. 4). Viene da chiedersi, ovviamente, a quale cifra ci si voglia qui riferire. Secondo il Cardascia, 148, "la peine comminée ... serait le triple ou le tiers d'une certaine amende regardée comme la peine de droit commun" (cf. ib., 149: "En résumé, ... nous paraît être que la peine des šalšāte est celle du tiers de l'unité légale de composition"). L'ipotesi è senz'altro valida e da tenere in considerazione; non ci sembra però completamente da escludere il fatto che il "terzo" o il "triplo" si riferisca alla somma nominata più sopra, a proposito del riscatto che l'uomo deve pagare perché non venga mutilata sua moglie. Certamente, come dice il Cardascia, il triplo di questa somma costituisce una cifra enorme, ma non bisogna dimenticare che la legge è sempre particolarmente severa per i trasgressori che appartengono a condizioni sociali inferiori. Per altro verso non si potrebbe escludere la traduzione "un terzo", sia perché il marito è più importante della donna, sia perché nel contesto del paragrafo sembra essere sempre meno colpevole della moglie, nella sua posizione di cosciente del fatto ma non partecipante in forma attiva. E' possibile dunque che la pena consista per lui in una multa di 10 talenti e 30 mine di stagno, o di un talento e 10 mine. La

----

(37). Secondo Cardascia, 146, "cette précision a pour but de prévenir le moyen de défense consistant pour la fugitive à dire qu'elle n'a pas, dans cette hypothèse, abandonné le domicile conjugal, pris au sens étroit".

nostra scelta "il triplo", si rifà al Par. 55, dove sembra aver più significato nel contesto della pena che vi si contempla.

La legge considera anche il caso che l'uomo neghi, sembrerebbe rispondendo all'accusa di testimoni (o della stessa donna fuggitiva). In questo caso si impone l'ordalia alla quale, almeno da quanto sembra apparire dal testo, devono sottoporsi sia l'accusato sia il marito della fuggitiva. Sembra però difficile credere che il marito accetti di sottoporsi ad una ordalia, forse a rischio della vita, semplicemente per appurare se l'uomo sapesse o non sapesse che la moglie ospitava la propria consorte; ed è ancor più difficile credere che siano posti sullo stesso piano dell'ordalia un *a'Īlu* ed un *aššurāju*. C'è poi il problema del soggetto di *zaku* (III:74, "è libero") oltre al fatto che non è chiaro chi debba ripagare le spese dell'ordalia. Secondo Cardascia, 145 sgg., è l'*aššurāju* che viene dichiarato libero, mentre è il marito della fuggitiva a pagare le spese dell'ordalia, se la rifiuta. Ma secondo lui si tratta di "une ordalie, probablement unilatérale où le juge arrête a son gré l'ordre de presentation des champions ... tous deux s'exposent à payer la composition appelée <<tiers>>".

Pur senza presumere di fornire una spiegazione più convincente, ci sembra che forse la chiave potrebbe essere nel fatto che il marito della fuggitiva poteva lucrare una certa somma, se anche l'*aššurāju* si dimostrava colpevole. Può essere quindi lui stesso il suo accusatore, non tanto per un fine di giustizia, ma di guadagno. In questo caso sarebbe più comprensibile un'ordalia, anche fra persone di ceto diverso, con la differenza che il rifiuto dell'*aššurāju* dimostra automaticamente la sua colpevolezza, mentre il rifiuto dell'*a'Īlu* non comporta che le spese dell'ordalia, come è giusto se è stato proprio lui, come abbiamo supposto, a provocarla. Resta l'incertezza di *zaku*, che può riferirsi quindi o all'*aššurāju*, libero perché l'avversario si è ritirato, o all'*a'Īlu*, libero perché il suo rifiuto non comporta pene; ed anzi non è escluso che si tratti di una forma plurale, e che si applichi a tutti e due. Nel contesto della frase sembra comunque riferisi all'*a'Īlu*. Infine, la clausola che abbiamo già incontrato in caso di adulterio: se il marito grazia la moglie, c'è amnistia anche per i coniugi *aššurāju*.

TAVOLETTA A

Par. 25
(KAV 1, Col. III)

82. Se una donna dimora (ancora) nella casa di suo padre (38)
83. e suo marito è morto,
84. (e) i fratelli di suo marito non sono divisi (= ci sono fratelli di suo marito che non hanno ancora avuto la loro parte di eredità)
85. e suo figlio non c'è (= e non ha figli)
86. ogni gioiello che suo marito
87. su di lei ha posto
88. (e che) non è andato perduto i fratelli di suo marito
89. non divisi (che non hanno ancora avuto la loro parte di eredità) prenderanno
90. In quanto al resto (dei beni), (essi) gli dèi
91. trascureranno, chiariranno (a chi spetta)
92. e prenderanno.
93. Al (giudizio del) dio fiume e al giuramento
94. non saranno presi.

Par. 26
(KAV 1, Col. III)

95. Se una donna dimora (ancora) nella casa di suo padre
96. e suo marito è morto,
97. ogni gioiello
98. che suo marito le ha posto (addosso)
99. se figli di suo marito
100. ci sono (lo) prenderanno
101. se figli di suo marito non ci sono
102. lei (lo) prenderà.

---

(38). In questo ed in altri articoli successivi la prima frase è da intendere: "(Anche) se una donna dimora (ancora) nella casa di suo padre". Si vuole intendere cioè che le disposizioni non cambiano anche se la donna non è ancora andata ad abitare presso il marito.

La questione riguarda i dumāgū, ornamenti preziosi che il marito ha donato alla moglie. Il verbo škn vuole significare qui il porre addosso, ma non il donare (Cardascia, 153), come d'altronde ci sembra suggerito dall'espressione ina muhhi, che nei contratti mA è preposta al nome dei debitori. Il senso dei due paragrafi (ved. anche il Par. 38) chiarisce comunque definitivamente questo concetto: i dumāgū sono oggetti preziosi portati dalla moglie ma proprietà del marito; essi dunque, alla sua morte, toccano agli eredi: in primis ai figli; se non ci sono figli, prima che la donna abbia il diritto di incamerarli deve essere considerata l'eventualità che esistano fratelli del marito defunto che non abbiano ancora ricevuto la loro parte di eredità. In tal caso i dumāgū toccano ad essi.

L'ultima parte del Par. 25 è controversa. Citiamo due interpretazioni: "Quant au reste, ils (le) feront passer devant les dieux, (le) réclameront (et le) prendront". (Cardascia, 152); "They will move the images past the balance (of the property) to be divided, (thus) they will prove (the legality of their) claim and take (the property)" CAD E, 391b (cf. AHw, 262b: "(zur Festellung) die Götter(bilder)" sub. 'tq Š "vorbeigehen lassen").

Il problema, oltre all'interpretazione di ilānu e di etēqu Š, riguarda anche i rēhāte. Secondo il Cardascia, che cita anche studiosi precedenti, i rēhāte sono i dumāgū: o intesi come "quelli che restavano" alla morte del marito, o come "la rimanenza" cioè quelli che mancavano. Il Cardascia è per questa seconda interpretazione. Ambedue le ipotesi si prestano tuttavia a qualche critica; nel caso si parli dei gioielli rimasti, il paragrafo potrebbe finire alla linea III:89; se si trattasse invece di quelli andati perduti, non si comprende come i cognati della donna possano prenderli (III:92), a meno che non si voglia intendere qui un risarcimento.

L'ipotesi qui proposta esclude invece l'allusione ai dumāgū: i rēhāte potrebbero essere invece gli altri beni del marito, sui quali i fratelli non ancora partecipi dell'eredità paterna vantano un diritto più evidente che sul dumāgū. Essi toccano quindi ovviamente a loro, a meno che la donna non sia in grado di dimostrarne chiaramente la proprietà (presentando ad esempio un documento di donazione del marito) (39). Essendo comunque facile stabilire a chi spettino questi beni, non ci sarà bisogno di scomodare gli dèi mediante ordalie di fiume o sacri giuramenti. In questo senso abbiamo dunque inteso il verbo etēqu Š ("far passare, oltrepassare"): "passare oltre" e quindi "trascurare" (il giudizio) degli dèi, anche se questo significato non sembra attestato altrove.

----

(39). Oppure potrebbero essere i beni di proprietà esclusiva della donna (come la dote, od altri doni parafernali avuti dal padre).

TAVOLETTA A

Par. 27
(KAV 1, Col. III)

103. Se una donna nella casa di suo padre (ancora) dimora
104. (e) suo marito è uso entrar(vi)
105. ogni dono nunziale che suo marito
106. le ha dato, (come) suo
107. egli prenderà (= può riprendersi), (ma) a quel che (è) della casa di suo (= della donna) padre
108. non si avvicinerà.

Il nudunnū è un dono (non obbligatorio) fatto dal marito alla moglie durante il matrimonio.

Secondo il Cardascia, la legge qui prevede la destinazione del nudunnū nell'eventualità che la donna muoia, o venga ripudiata. In tal caso, il marito ha diritto di riprendersi i doni che aveva fatto alla moglie, ma non quelli che le erano stati dati dal padre (40).

La frase "se suo marito è uso entrarvi / continua ad entrarvi" indica l'avvenuta consumazione del matrimonio, importante in questo contesto per determinare la natura del nudunnū: un dono acquisito dalla sposa solo con la consumazione delle nozze. In caso contrario, abitando essa ancora presso il padre, la proprietà spetterebbe a quest'ultimo. Cf. Cardascia, 156-158

---

(40). Tuttavia il caso di ripudio o di morte non è esplicitamente dichiarato; può essere quindi che il paragrafo voglia sancire il diritto del marito di riprendere ogni dono fatto alla moglie.

TAVOLETTA A

Par. 28.
(KAV 1, Col. IV)

1. Se una vedova-almattu nella casa di un uomo
2. entra, e suo (= di lei) figlio
3. nato dopo con lei ha portato
4. (e costui) nella casa dell'uomo che l'ha sposata cresce
5. e una tavoletta di adozione non è scritta
6. la parte (di eredità) dal patrimonio (o "nella casa") di chi lo ha fatto crescere
7. non prenderà
8. (e) non porterà (la responsabilità del suo) debito.
9. Dal patrimonio (o "nella casa") di chi lo ha generato
10. la parte (di eredità) secondo la sua porzione (che gli tocca) prenderà.

Secondo Cardascia. 158 n. a, la frase alla terza linea del paragrafo deve essere intesa secondo il senso più stretto "ha portato nel suo seno". In IV: 9 il termine ālidu (non abu, "padre") fa pensare che hurdu ("nato dopo") non sia figlio del primo marito, ma di un altro.

TAVOLETTA A

Par. 29.
(KAV 1, Col. IV)

11. Se una donna nella casa di suo marito entra (dopo aver abitato per un certo tempo con il padre)
12. la sua dote e tutto quello
13. che dalla casa di suo padre ha portato
14. oppure ciò che suo suocero
15. nel (momento del) suo entrare le ha dato
16. per i suoi (= di lei) figli è libero (= spetta ai suoi figli).
17. I figli di suo suocero non si avvicineranno,
18. e (= ma) se suo marito glieli toglie (41)
19. ai figli suoi (= di lui) quello del suo cuore (= quello che vorrà) darà.

---

(41). Seguiamo qui traduzione ed interpretazione di J.N. Postgate, BSOAS 34/2 (1971), 388 (piuttosto che Cardascia, 161 sg.).

__širku__ è la dote che la donna riceve da suo padre. La legge stabilisce con questo paragrafo che questa dote e gli altri donativi, sia paterni parafernali sia da parte del suocero, che la donna ha ricevuto, toccano di diritto ai suoi figli (che sono dunque salvaguardati da eventuali rivendicazioni degli zii). Il marito della donna ha però il diritto (che non sembra legato a particolari casi di colpa da parte della moglie) di toglierle dote e doni, e di darli in tutto o in parte ai suoi figli.

Interpretazione alternativa dell'ultima riga: "ai suoi (= di lui) figli del suo cuore (= che preferisce) darà". Nel primo caso il marito tratterrebbe per sé i beni, cedendone ai figli una parte nella proporzione che vuole; nel secondo caso verrebbe piuttosto specificato il diritto del marito di destinare i beni "confiscati" alla moglie ai figli che preferisce, non a tutti indistintamente.

TAVOLETTA A

Par. 30.
(KAV 1, Col IV)

20. Se un padre alla casa del suocero di suo figlio
21. il dono di nozze ha portato
22. (e) la donna a suo figlio non è stata (ancora) data
23. e un altro figlio suo la cui moglie
24. nella casa di suo (= di lei) padre dimora
25. è morto, la moglie di suo figlio morto
26. all'altro suo figlio
27. alla casa del cui suocero (il dono) aveva portato
28. in matrimonio la darà.
29. Se il padrone della figlia, che il dono
30. aveva preso
31. sul dare (in sposa) la sua figlia
32. non è d'accordo,
33. se vuole, il padre che il dono
34. aveva portato, sua nuora
35. prenderà, a suo figlio (la) darà,
36. e se vuole, quanto ha portato (in dono),
37. stagno, argento raffinato, oro, ed il non commestibile
38. tutto quanto prenderà.
39. Al commestibile non si avvicinerà.

Il paragrafo stabilisce il diritto di un *pater familias* di dare in moglie la nuora rimasta vedova ad un altro figlio, anche se la donna dimora ancora presso suo padre, ed anche se il secondo figlio è già stato promesso, mediante l'invio di doni di nozze al suo futuro suocero, ad un'altra ragazza. L'uomo ha diritto anche sia di pretendere che il figlio sposi ugualmente, anche nella sua nuova situazione di marito della cognata vedova, la fidanzata, nonostante l'eventuale opposizione del padre di lei, sia di annullare il fidanzamento del figlio, pretendendo in questo caso la restituzione del dono di nozze a suo tempo recato, tranne i beni deperibili che nel frattempo la controparte può aver consumato (probabilmente anche nel corso del banchetto di fidanzamento).

biblu e *zubullū* sono sinonimi, anche se certo qualche sfumatura doveva distinguerli. Nel paragrafo al *biblu* della seconda riga viene comunque sostituito *zubullū* poco dopo. In CAD Z, 152a, nella seconda ed ottava linea del paragrafo (ll. 21 e 27 del testo, Col. IV) viene fatta l'integrazione <*zubullā*> davanti a *izzibil* ed *izbilūni* (nella seconda linea per il parallelo *bibla ittabal*). *Biblu* e *zubullū* sono il "dono di nozze" che il marito o il padre del marito fanno al padre della sposa, dono altrimenti chiamato *terhatu*.

Alla linea IV: 28 il termine *ahūzatu*, usato nell'espressione *ana ahūzete* al posto di *ana aššutti* sembra forse significare, più che un matrimonio contratto da una donna non vergine, un matrimonio contratto in modo fuori della norma, e non accompagnato dalla *terhatu*.

Ved. per questa questione Cardascia, 164-170.

TAVOLETTA A

Par. 31.
(KAV 1, Col. IV)

40. Se un uomo nella casa di suo suocero
41. il dono ha portato e sua moglie
42. è morta, (e altre) figlie di suo suocero
43. ci sono, se il suocero (lo) vuole
44. la figlia di suo suocero come (= al posto di) sua moglie morta
45. prenderà (in moglie), e se vuole
46. l'argento che ha dato (ri)prenderà.
47. Sia l'orzo, sia gli ovini, sia qualunque cosa
48. commestibile (il suocero) non gli darà.
49. L'argento invece riceverà.

Il paragrafo, che presenta un'ipotesi vicina a quella del Par. 30, chiarisce che in caso di morte della moglie il vedovo deve sposare, se il suocero lo vuole, una cognata. L'affinità con il paragrafo precedente ed il parallelo che parla del dono nuziale sembrano suggerire che il caso è previsto per chi ha portato il dono nuziale ma non ha ancora consumato il matrimonio. Ed in effetti non si spiegherebbe, in caso contrario, la prevista restituzione del dono, se non si vuole pensare che essa sia obbligatoria ogni qualvolta muoia una moglie. Per Cardascia, 171, la restituzione del dono è indipendente dalla consumazione del matrimonio, ma legata all'assenza di figli.

TAVOLETTA A

Par. 32.
(KAV 1, Col. IV)

50. Se una donna nella casa di suo padre (ancora) dimora
51. e il suo dono nuziale (le) è stato dato
52. sia al[la] casa di suo suocero preso,
53. sia non preso, (per) i debiti,
54. le colpe e le [pe]ne di suo marito
55. porterà (la responsabilità).

Sempreché la lettura *nudunnūša* in IV: 51 sia esatta (contrario AHw, *800b*) la legge non stabilisce qui, come ha ben rilevato il Cardascia, 176, che la moglie è responsabile per il marito per il solo fatto di aver ricevuto da lui un *nudunnū*, e nemmeno per il fatto che il *nudunnū* è la prova dell'avvenuto matrimonio. Poiché la responsabilità dipende dalla partecipazione della donna ai beni del marito, questa responsabilità è limitata solo alla consistenza del nudunnū ricevuto (42).

Lo Stativo femm. laqē'at (IV: 52, 53) più che riferirsi alla donna ed indicare il luogo in cui abita (inutile, dopo i termini della prima linea) sembra riferirsi piuttosto al nudunnū, qui stranamente femminile (cf. tadnat IV:51); la frase sembra volere indicare che il nudunnū è a disposizione del marito sia che la moglie lo abbia ricevuto presso la casa del suocero (e quivi dunque sia conservato), sia che lo abbia ricevuto, e quindi lo conservi, in altra sede.

---

(42). Se l'interpretazione del Par. 27 (il nudunnū può essere ripreso dal marito in qualunque momento) è esatta, nel Par. 32 ne vediamo una conseguenza: essendo il nudunnū in pratica un bene di cui il marito può disporre come vuole, può essere usato in situazioni in cui abbia bisogno di denaro.

TAVOLETTA A

Par. 33.
(KAV 1, Col. IV)

56. [se] una donna nella casa di suo padre (ancora) dimora
57. (e) suo m[arito muor]e e figl[i suoi]
58. [ci so]no, [dove vorrà]
59. [nella] casa di lo[ro abiterà].
60. [Se figli suoi no]n ci sono [suo suocero]
61. [al figlio] suo che [lui vuole la darà].
62. [Se ...]
63. [suo padre se vuole . . .]
64. [...]
65. e [se vuole] al suocero di lei
66. in m[atrimo]nio la darà.
67. Se suo marito e suo suocero
68. sono morti e figlio suo non c'è (= non ha figli)
69. è una vedova-<u>almattu</u>
70. (e) dove vorrà andrà.

Il paragrafo tratta della sorte di una vedova, di cui vengono considerati quattro casi; 1. Con figli viventi (che la possano mantenere): in tal caso vivrà presso chi vorrà. (ulteriori particolari di questo caso sono trattati al Par. 46). 2. Senza figli: in tal caso il suocero la darà in moglie (levirato) ad uno dei suoi figli (o forse solo per essere mantenuta?). 3. Lacuna. Si può ricostruire con una certa sicurezza solo il soggetto, che deve essere identico a quello del quarto caso, se è valida la ricostruzione <u>h[a-di-m]a</u>, che presuppone la stessa parola poco sopra (cf. ad esempio KAV 1, IV:33, 36). Poiché il soggetto più probabile per il quarto caso è il padre della donna (non si può immaginare chi altri la possa "dare in matrimonio" al suocero), così dobbiamo pensare ad un [<u>šumma</u> ... <u>abūša</u> <u>hadīma</u> ...]. Cioè: "Se si verifica [una situazione (a noi ignota)] suo padre se vuole [fa qualcosa]". La situazione che era espressa in IV:62 non può essere che una sola: la mancanza di cognati disponibili. Drives e Miles suggeriscono l'ipotesi di cognati non ancora in età di matrimonio, con la facoltà del padre della sposa di attendere la loro maggior età: ipotesi condivisa anche dal Cardascia, 179, anche alla luce del Par. 43. In effetti, se la condizione fosse stata la mancanza assoluta di cognati, si sarebbe già al quarto caso, senza bisogno di un terzo. 4. Senza figli e senza cognati disponibili: facoltà del padre di darla in moglie al suocero. 5. In caso di morte del marito e del suocero e di mancanza di figli (43), la vedova viene a trovarsi nella condizione di <u>almattu</u>, cioè di vedova sotto la giurisdizione di nessuno. Ne deriva che il padre della sposa, pur essendo chiamato in causa, come si è visto, in certe situazioni particolari in cui viene a trovarsi la figlia, una volta che costei è sposata non ha alcun dovere di mantenerla, né ha alcuna potestà su di lei.

---

(43). Forse si vuole parlare qui di figli in grado di mantenerla.

TAVOLETTA A

Par. 34.
(KAV 1, Col. IV)

71. Se un uomo una vedova-**almattu** ha sposato
72. ed un documento non è stato redatto
73. (ed ella) due anni nella sua casa dimora
74. costei è moglie (e) non uscirà.

Con questo paragrafo, che vuole tutelare una famiglia di fatto, il decorso del tempo (due anni) costituisce una presunzione assoluta di consenso matrimoniale, che non ha bisogno di essere espresso per scritto (contratto, obbligatorio dal Codice di Hammurapi, Par. 128).

TAVOLETTA A

Par. 35.
(KAV 1, Col. IV)

75. Se una vedova-almattu
76. nella casa di un uomo è entrata
77. qualunque cosa che lei ha portato
78. tutto (è) di suo marito,
79. e se un uomo a carico di una donna è entrato
80. qualunque cosa che lui ha portato
81. tutto (è) della donna.

Il Cardascia, 183-184, fa notare la mancanza del verbo ahāzu, usato per il matrimonio dell'almattu, il diritto della sposa assira d'avere beni di sua proprietà (Par. 27), e l'uso del termine mutu ("marito") anche per uomini non legati dal vincolo matrimoniale (es. Par. 41:8): si tratta dunque di un'ipotesi di concubinaggio, non di matrimonio, che la legge prende in considerazione, un caso cioè che doveva essere più comune per una **almattu** che per altre (con il limite di due anni, ved. Par. 34).

La nostra traduzione "a carico di una donna" ci sembra che esprima meglio il concetto ina muhhi (letteralmente: "sulla testa") piuttosto che l'espressione "presso una donna". Ci sembra evidente infatti che non si tratta qui semplicemente di coabitare nella casa della donna, ragione insufficiente per cederle tutti i beni portati. Nel primo caso, trattandosi della donna che entra nella casa dell'uomo, il concetto del vivere a suo carico è sottinteso ed ovviamente scontato.

Par. 36
(KAV 1, Col. IV-V)

82. Se una donna nella casa di suo padre (ancora) dimora
83. o suo marito (in) una casa altrove (= distinta dalla sua)
84. l'ha fatta dimorare
85. e suo marito al campo (= lontano) è andato
86. (e) e non olio non lana non vestimenti
87. non nutrimento
88. né alcunché le ha lasciato,
89. né alcuna provvista
90. dal campo (= da fuori) le hanno fatto portare,
91. questa donna 5 anni suo marito
92. aspetterà, presso un (altro) marito non dimorerà.
93. Se figli suoi ci sono
94. saranno impiegati (in un lavoro) e provvederanno a sé stessi,
95. la donna suo marito attenderà
96. presso un (altro) marito non dimorerà.
97. Se figli suoi non ci sono (= non ha figli)
98. 5 anni suo marito attenderà.
99. All'arrivare dei sei anni
100. presso il marito del suo cuore (= che vuole) dimorerà.
101. (Il) suo (primo) marito nel venire (= tornare) non le si avvicinerà,
102. per il secondo marito è libera.
103. Se più di 5 anni
104. è rimasto, (ma) di sua volontà
105. non si è trattenuto, sia che ... (44)
106. lo abbia preso ed è fuggito,
107. sia che a torto (45)
108. sia stato preso ed è rimasto,

(Col. V)

1. nell'andare (= al ritorno) chiarirà (i fatti)
2. una donna che (è) come la sua sposa (= al posto della sua sposa) darà
3. e sua moglie (ri)prenderà.
4. E se il re a un altro (46) paese
5. lo ha mandato,
6. (e) più di 5 anni è rimasto
7. sua moglie lo aspetterà, presso un (altro) marito
8. non dimorerà. E se prima
9. di 5 anni presso un (altro) marito ha dimorato
10. e ha partorito
11. suo marito nell'andare (= al ritorno)
12. perché il contratto lei non ha rispettato (o: "(secondo) il contratto non (l')ha aspettato")

---

(44). Ved. in Cardascia, 189 le varie ipotesi espresse per *qa-a-li* ("ladro", "capo di briganti", oppure "demone-*gallû*", che lo ha fatto ammalare), cui vorremmo qui aggiungere un'identità con *gallu* (AHw, 894b), talvolta contrapposto a *rabû*: quindi "persona di scarsa importanza", che non aveva l'autorità di trattenerlo, ma lo ha fatto a forza.

(45). Accogliamo qui l'integrazione secondo AHw, 1031a, piuttosto che CAD, 46b, Cardascia, 185 ecc.

(46). "altro" è nella riga seguente.

13. e si è lasciata sposare, lei
14. ed i suoi figli spuri prenderà.

Viene qui considerata la sorte della moglie di un uomo che rimane lontano da casa per ragioni sia di affari privati, sia di affari pubblici (non per ragioni militari, di cui tratta il Par. 45). La possibilità per la donna di risposarsi non è legata tanto all'assenza del marito, quanto alla possibilità che ha questi di mantenerla, anche inviandole sovvenzioni dal posto in cui si trova. Anche l'esistenza di figli in grado di provvedere a sé stessi, e quindi alla madre, è una ragione sufficiente per proibire alla donna di risposarsi.

Solo se completamente priva di sostentamento e previa attesa di 5 anni la donna potrà scegliersi un altro marito. Ma anche in questo caso il marito ha diritto di riprendersela (sostituendola però con un'altra donna come risarcimento al secondo marito) (47) se ha modo di dimostrare che la sua assenza oltre il quinto anno è stata involontaria, o perché forzatamente trattenuto da qualcuno a cui è riuscito a fuggire, o perché impedito da un ingiusto fermo giudiziario.

Quanto sopra riguarda l'assenza per ragioni private. L'assenza per pubblici uffici (missione all'estero) è regolata invece diversamente: la donna è obbligata ad attendere il marito anche oltre il termine dei cinque anni; E' evidente dunque che in questo caso era lo Stato, responsabile della lontananza del marito, che provvedeva al mantenimento della moglie.

L'ipotesi che inizia a metà della linea V:8 sembra a prima vista intimamente legata al caso del marito assente per pubblici uffici. C'è però un contrasto tra ana_qāt_5_šanāte di V:6 e ina__pāni_5_šanāte di V:8-9: la moglie non può sposarsi nemmeno dopo 5 anni, per cui il marito può riprenderla se si è sposata prima dei 5 anni. Ci sembrano giuste quindi le considerazioni di Szlechter e Cardascia, 190, secondo cui le seconde nozze celebrate quando la legge proibisce assolutamente alla donna di risposarsi, quale è il caso della moglie del funzionario all'estero, sono da considerarsi senz'altro adulterine e punibili con una pena severa. L'ultima parte del paragrafo si riferisce dunque all'ipotesi generale, cioè la liceità per la donna di risposarsi previa attesa di cinque anni.

----

(47). In tal caso i figli eventualmente nati restavano al secondo marito; ved. Cardascia, 189.

TAVOLETTA A

Par. 37
(KAV 1, Col. V)

15. Se un uomo da sua moglie divorzia
16. se vuole, qualcosa le lascerà
17. se non vuole, nulla
18. le lascerà.
19. Lei uscirà a mani vuote.

Par. 38
(KAV 1, Col. V)

20. Se una donna nella casa di suo padre (ancora) dimora
21. e suo marito da lei divorzia,
22. i gioielli che lui le aveva posto addosso
23. lui prenderà, al dono di nozze
24. che egli aveva portato (al padre) di lei) non si avvicinerà.
25. Per la donna è libero (= a disposizione).

I due paragrafi sono in relazione. Nel primo viene stabilito semplicemente che il marito non è tenuto a dare una _indennità di divorzio_ alla moglie. Nel secondo paragrafo non viene corretto nulla nel primo, ma si vuole chiarire la destinazione dei _dumāqū_ e della _terhatu_, che potrebbe dal luogo a contestazioni nel caso che la donna viva ancora presso il padre.

L'ultima linea è controversa (ved. Cardascia, 19' sg.). Una seconda interpretazione, grammaticalmente più esatta (quella che abbiamo riportato sopra esigerebbe _zakuat_, invece di _zaku_, essendo _terhatu_ femminile), vorrebbe "il marito" come soggetto (cioè nei riguardi della donna il marito è libero" oppure "per una (altra) donna è libero"). Tale seconda interpretazione è a favore però di una frase sostanzialmente inutile. C'è inoltre il fatto che è ovvio che il marito non può avere rivendicazioni sul dono-_terhatu_, essendo questo di proprietà del suocero, non della moglie; e dunque anche la frase precedente sarebbe inutile. Interpretando invece _terhatu_ come soggetto, il paragrafo avrebbe una sua logica sottintendendo "nel caso che il suocero desideri donare in tutto o in parte la _terhatu_ precedentemente ricevuta alla figlia, o che l'abbia già fatto".

TAVOLETTA A

Par. 39.
(KAV 1, Col. V)

26. Se un uomo (una donna) non sua figlia ad un marito
27. ha dato (= ha fatto sposare), se precedentemente
28. il padre di lei era debitore (e) come pegno
29. l'aveva fatta dimorare, (e) il creditore precedente
30. è andato (da lui), da colui che ha dato (in matrimonio) la donna
31. il prezzo della donna otterrà,
32. e se non c'è nulla da dar(gli)
33. l'uomo che (l')aveva data (in matrimonio, il creditore) prenderà.
34. E se (la donna) durante una (situazione di) disgrazia è vissuta,
35. per chi l'ha mantenuta è libera (= a disposizione).
36. E se l'uomo che sposa la donna
37. sia che (il creditore) gli abbia fatto scrivere un documento
38. sia che la (sua) rivedicazione
39. abbia ottenuto da lui,
40. il prezzo ha p[agato]
41. e colui che (l')ha data (in matrimonio) [è libero].

La legge vuole assicurare con il Par. 39 la validità di un matrimonio celebrato a dispetto di chi vanta nei riguardi della sposa dei diritti derivanti dallo stato di insolvibilità del padre.

Era normale che un debitore cedesse in pegno al creditore i suoi famigliari; il caso qui contemplato prevede che una donna data in pegno sia fatta sposare da un terzo all'insaputa del creditore, che viene a trovarsi quindi privato del pegno. Non è specificato chi sia questo "datore" (in matrimonio), <u>tadinānu</u>: più che a un parente o ad un sensale di matrimonio dovremo pensare forse ad una persona a cui il creditore aveva ceduto momentaneamente il pegno(48), o come garanzia di debiti che a sua volta aveva nei suoi riguardi, o per altre ragioni, una delle quali (impossibilità di mantenere la persona-pegno) vedremo poi.

Una volta celebrato il matrimonio, e dato che esso è valido, il creditore che ha perduto così il suo pegno si può rifare su chi ha fatto sposare la ragazza, cioè sul <u>tadinānu</u>. Costui deve pagargli "il prezzo" della donna (cioè l'ammontare del debito del padre) e, se non può, deve pagare di persona sostituendosi come pegno in casa del creditore. Il malcapitato <u>tadinānu</u> poteva però scamparla in due casi: 1. Se la donna <u>ina lumni baltat</u>. Questa espressione è controversa e può essere tradotta in modi diversi. Qui abbiamo accettato l'interpretazione di CAD B (1965), 57b (Cardascia, 196, cf. 200: "si elle est maltraitée"; CAD L (1973), 249b: "if she has been saved from

---

(48). La legge parla di un creditore "precedente", aggettivo che secondo il Cardascia, 198 vorrebbe significare il creditore che aveva la donna in pegno prima del matrimonio, ma che potrebbe indicare invece anche l'esistenza di un creditore successivo, a cui il creditore precedente aveva passato il pegno.

disaster"), cf. anche Oppenheim, Iraq 17/1, 75; Postgate, BSOAS 34/2,388. La questione riguarda, più che l'interpretazione di lumnu, la lettura di ina ("in" oppure "da") e la necessità quindi di intendere la forma verbale di blṭ come Stat. G o D. Sicuramente è alla forma D il muballiṭānu della riga successiva e poiché blṭ D in altri documenti mA (es. KAJ 167 e 168) che si riferiscono ad una analoga situazione hanno il significato di "mantenere" in vita, ci sembra che per questo muballiṭānu si debba intendere colui che ha provveduto a mantenere la ragazza, più che un suo salvatore da qualche disgrazia. Di conseguenza è più logico pensare ad uno Stat. G dopo ina lumni (altrimenti avremmo due persone diverse che mantengono la donna, in contrapposizione fra loro, mentre qui le due forme di blṭ sembrano invece in relazione); la frase sarebbe dunque: "Se lei ina lumni è vissuta, è a disposizione di chi l'ha mantenuta". L'interpretazione di ina lumni viene di conseguenza: la donna è vissuta in una condizione di estremo disagio generale,(49) nella quale era difficile mantenerla; in tal caso il creditore l'ha passata ad un terzo che ha effettivamente provveduto a mantenerla, e che ha acquisito quindi dei diritti su di lei. Questo muballiṭānu che l'ha mantenuta può averla fatta sposare nel frattempo, divenendo un tadinānu in questo caso non perseguibile. Il senso è dunque: "Se chi ha dato in matrimonio la ragazza è colui che l'ha mantenuta in un momento di particolari ristrettezze, non deve nulla al creditore".

Il tadinānu poteva scamparla anche in un secondo caso, quando cioè provvedeva il marito a rifondere il creditore, o con una promessa di pagamento, o con l'effettivo versamento della somma.

---

(49). Più che per l'accezione "catastrophe" per lumnu propendiamo in questo caso per "misfortune" (CAD L.247b; Oppenheim, cit.: "distress").

TAVOLETTA A

Par. 40.
(KAV 1, Col. V)

42. Sia le mogli di un a'īlu (= le donne sposate), sia le [vedove-almattu(?)]
43. o sia le donne ["assire" (?)]
44. che nella piazza e[scono]
45. le loro teste [non saranno scoperte].
46. Le figlie di un a'īlu [...]
47. sia (con) un ve[lo(?)]
48. sia (con) vesti si[a (con) ...]
49. saranno ve[late].
50. Le loro teste [non saranno scoperte].
51. Sia le vedove-a[lmattu]
52. sia [le mogli di un a'ilu]
53. [si]a [le donne "assire"]
54. [...]
55. [non sa]ranno velate.
56. Quando (però) nella piazza d[a sole]
57. vanno, saranno vel[ate].
58. La concubina che con la [sua] signora
59. nella piazza va,
60. sarà velata.
61. La donna-qadiltu che un marito ha preso
62. nella piazza sarà velata,
63. quella che un marito non ha preso
64. nella piazza il suo capo (sarà) scoperto,
65. non sarà velata.
66. La prostituta non sarà velata,
67. il suo capo (sarà) scoperto.
68. Chi una prostituta velata
69. vedrà, la prenderà,
70. testimoni porterà
71. all'entrata del palazzo la condurrà.
72. I suoi monili non prenderanno,
73. il vestito colui che l'ha presa
74. prenderà.
75. 50 (volte) con i bastoni la batteranno,
76. asfalto sulla sua testa verseranno.
77. E se un uomo una prostituta velata
78. ha visto e ha lasciato andare
79. (e) all'entrata del palazzo non l'ha condotta,
80. quest'uomo
81. 50 (volte) con i bastoni lo batteranno
82. chi lo ha denunciato il suo vestito
83. prenderà,
84. le sue orecchie foreranno,
85. una fune infileranno,
86. dietro a lui (la) legheranno,
87. un mese intero il lavoro per il re farà.
88. Le schiave non saranno velate.
89. Chi una schiava velata vedrà
90. la prenderà,
91. all'entrata del palazzo la porterà,
92. le sue orecchie taglieranno,

93. chi l'ha presa le sue vesti prenderà.
94. Se un uomo una schiava velata
95. l'ha vista ed ha lasciato andare,
96. non l'ha presa,
97. all'entrata del palazzo non l'ha condotta,
98. hanno portato prove contro di lui
99. (e) provato la sua colpevolezza
100. 50 (volte) con i bastoni lo batteranno,
101. le sue orecchie foreranno,
102. una fune infileranno,
103. dietro a lui (la) legheranno.
104. Chi lo ha [de]nunciato
105. i suoi vestiti prenderà,
106. un mese intero il lavoro [del re] farà.

Un paragrafo di legge così lungo (è il più lungo di tutti) e che prevede pene tanto severe, prova quanto fosse distintivo ed importante il privilegio di portare il velo per le donne assire. Questo onore è riservato a:

1. Le donne sposate di condizione *patrizia*.
2. Le donne, presumibilmente di condizione *patrizia*, e sposate (le nubili sono alla l. V:46) ma in una situazione speciale (le vedove? Le vedove-*almattu* ?).
3. Le donne (qui generico, e quindi sia sposate che nubili) di condizione diversa dalle *patrizie*, e quindi probabilmente le donne-*assire* (libere ma non *patrizie*).
4. Le nubili *patrizie*. Problema: come mai vengono enumerate dopo le *assire*, che sono di condizione inferiore? Poiché per esse vengono specificati i vari tipi di vesti con cui si possono velare, non ci sembra ardito supporre che per i primi tre tipi di donne fosse in uso una specie particolare di velo (o comune, o distinto secondo la condizione della donna), e che per le donne *patrizie* nubili ci fosse invece l'uso di velarsi con il tipo di velo che preferissero (erano le donne che potevano vantare più delle altre il diritto di farsi belle).

Il paragrafo enumera poi alcune categorie di donne (in una lacuna) che devono velarsi quando vanno sole in pubblico, mentre non si velano (o possono non velarsi senza pregiudicare la loro onorabilità) in certe circostanze particolari. Il Cardascia, 204 suppone che ciò possa avvenire in privato, e che questo particolare si riferisca alle donne libere, cioè quelle enumerate prima. In effetti non vediamo altra alternativa per quanto riguarda la categoria delle donne (ed alla linea 51 il segno *a*[*l* ... sembra confermare la nostra ricostruzione [*almanāte*] alla linea V:42), tranne forse l'esclusione di uno dei quattro tipi (le donne patrizie nubili?); in quanto alla circostanza, è possibile invece che la legge specifichi semplicemente che quando sono accompagnate possono essere esentate dal velo. Il paragrafo prosegue enumerando due casi di donne di condizione inferiore che possono portare il velo in pubblico:

1. La concubina quando accompagna la sua signora: un obbligo destinato a fare onore alla padrona, non un privilegio per lei (Cardascia, 204).

2. La donna-qadiltu/qadištu (una inserviente del tempio, letteralmente "la pura") quando è sposata. Evidentemente il matrimonio, pur privandola di quella verginità che dal nome sembra essere la sua caratteristica, la fa assurgere ad una dignità superiore (a meno che non si voglia pensare che una qadiltu non sposata, uscendo dalla zona religiosa e scendendo in piazza, si degradasse tanto da non essere ritenuta degna del velo).

Ci sono infine due categorie di donne che non devono mai andare velate. Si tratta dunque di donne di condizione infima, per le quali è prevista anche una forte punizione in caso di trasgressione della legge:

1. La prostituta. In caso di trasgressione:
   a. I suoi vestiti (ma non i suoi gioielli) diventano di proprietà di chi l'ha colta in fallo;
   b. riceve 50 colpi di verga
   c. viene versato sulla sua testa qīru ("Asfalto", AHw, 923a)

   In compenso, chi non la denuncia:
   a. riceve 50 colpi di verga
   b. i suoi vestiti diventano di proprietà di chi l'ha denunciato;
   c. ha bucate le orecchie con una funicella che passa per i fori e viene legata dietro
   d. è condannato ad un mese di lavori forzati.
2. La schiava. In caso di trasgressione:
   a. ha tagliate le orecchie
   b. i suoi vestiti diventano di proprietà di chi l'ha colta in fallo.

Chi non la denuncia riceve le stesse punizioni come per il caso della prostituta.

Se la pena per l'uomo che non denuncia queste donne è uguale in tutti i casi, c'è una certa differenza nella punizione a cui sono sottoposte da una parte la prostituta, dall'altra la schiava. La prostituta sembra privilegiata, pur subendo ben tre pene diverse: una perdita di beni (i vestiti), una punizione corporale (i colpi di verga), ed una morale, cioè il qīru sulla testa, che sembra voler essere un contrappasso beffardo, non necessariamente doloroso e fisicamente menomante (forse si trattava di polvere d'asfalto); sembra infatti che la legge si preoccupi di non togliere alla prostituta i "ferri del mestiere" cioè i monili, e quindi anche la sua bellezza. Per la schiava invece la legge non bada alla integrità fisica, ordinando il taglio delle orecchie, oltre alla consueta perdita dei vestiti. Si noterà che la pena corporale inflitta alla prostituta è addirittura minore di quella inflitta al mancato denunciatore (solo i colpi di verga).

Un'ultima considerazione: la legge stabilisce che è necessario provare l'accusa alla prostituta. Non lo dice per la schiava. Viceversa per punire il mancato denunciatore della prostituta non sembra necessario comprovare l'accusa; è necessario invece comprovarla per il mancato denunciatore della schiava. Più che ad una certa negligenza del redattore delle leggi (Cardascia, 206), non è forse errato vedere anche qui una situazione di privilegio della prostituta: 1. Non è affidata all'arbitrio di chi la denuncia, ma la schiava sì. 2. Per una questione che la riguarda, anche se "in negativo", si passa senz'altro a punire il mancato delatore; prima di punire invece il mancato delatore di una schiava, persona di poco conto, bisogna provare l'accusa. Se queste considerazioni sono giuste, si può stabilire, considerando anche le varie misure delle pene, la seguente graduatoria di importanza nei riguardi della legge: 1. La prostituta, 2. Il mancato delatore, 3. La schiava.

TAVOLETTA A

Par. 41
(KAV 1, Col. VI)

1. Se un uomo la sua concubina vela (= vuole velare)
2. 5 (o) 6 suoi vicini farà sedere,
3. davanti a loro la velerà,
4. <<Costei (è) mia moglie>> dirà,
5. (e) costei (sarà) sua moglie.
6. Una concubina che davanti a delle persone
7. non è stata velata,
8. e suo marito non ha detto
9. <<Costei (è) mia moglie>>, non è moglie,
10. costei (è) una concubina.
11. Se un uomo muore (e) i figli di sua moglie
12. velata non ci sono, i figli delle concubine
13. essi sono figli (suoi). La parte (di eredità) prenderanno.

Il paragrafo tratta della concubina e dei suoi figli. Essa può essere sposata mediante un rito matrimoniale diverso da quello ordinario, che esige un contratto, la <u>terhatu</u>, ecc. Essendo già compagna dell'uomo, la concubina viene elevata al rango di moglie mediante una semplice cerimonia privata, che prevede una dichiarazione del marito e l'imposizione del velo davanti a testimoni amici e vicini.

È ovvio che i figli di una concubina divenuta moglie avranno diritto alla successione paterna; i figli di una concubina non sposata non avranno invece questo diritto, a meno che manchino i figli della moglie legittima.

TAVOLETTA A

Par. 42
(KAV 1, Col. VI)

14. Se un uomo nel giorno "di vacanza",
15. olio sulla testa della figlia di un *a'Ilu* ha versato
16. o per il mangiare
17. piatti ha portato
18. la restituzione non restituiranno (= non avverrà).

Con questo paragrafo (cf. anche il successivo) viene descritta una cerimonia nuziale mediante la quale la sposa viene ufficialmente acquisita come membro della famiglia dello sposo; dal momento della cerimonia in poi la donna non è più sotto la giusrisdizione paterna; in questo senso va dunque intesa l'ultima frase, che vuole indicare l'irreversibilità dell'atto (con eccezioni al Par. 43 ed anche ai Par. 30 e 31). Per varie questioni inerenti al paragrafo ved. Cardascia, 209 sg.

TAVOLETTA A

Par. 43
(KAV 1, Col. VI)

19. Se un uomo o olio sulla testa (della figlia di un uomo) ha versato
20. o dei piatti (per il banchetto di fidanzamento) ha portato
21. (e) il figlio a cui la moglie hanno fatto conoscere (= assegnato)
22. o è morto o ....
23. tra i figli suoi rimanenti
24. dal figlio maggiore fino al figlio
25. minore che (abbia) i suoi 10 anni
26. a chi vuole (la) darà.
27. Se il padre è morto e il figlio a cui la moglie
28. avevano assegnato è morto anche (lui),
29. (e) un figlio del figlio morto che i 10 anni suoi (abbia)
30. esiste, (questi la) sposerà.
31. Se (hanno) meno di 10 anni
32. i figli del figlio minori
33. il padre della (fidanzata) se vuole sua figlia darà (a uno di loro)
34. e se vuole la restituzione
35. in corrispondenza (di quanto ha ricevuto) restituirà (= effettuerà).
36. Se il figlio non c'è, quanto ha ricevuto,
37. pietra (preziosa) e quanto non (sia) commestibile
38. nella totalità restituirà,
39. e il commestibile non restituirà.

Il paragrafo tratta della destinazione della fidanzata, acquisita ufficialmente come nuora dal futuro suocero, mediante un rito durante il quale egli ha versato olio sulla testa della giovane ed ha offerto un pranzo nuziale. Si prevedono quattro ipotesi, nel caso che il figlio a cui è destinata la donna deceda o scompaia: 1. Il padre del fidanzato dà la donna in sposa ad uno degli altri figli purché abbia compiuto i dieci anni. 2. La donna deve sposare un "figlio del figlio morto". Questa seconda ipotesi si verifica nel caso di morte sia del padre del fidanzato, sia di "colui a cui aveva assegnato (la donna in) moglie". Problema: di quale figlio si tratta? Del primo, o di quello a cui il padre aveva dato la donna, dopo la morte del primo? Il Cardascia, 213, pensa che la frase sia generica, e che contempli ambedue i casi. Secondo noi si tratta invece del primo figlio, perché altrimenti non avrebbe senso la clausola sulla morte del padre (anche se fosse vivo, la destinazione della donna sembrerebbe essere la stessa, e se fosse diversa verrebbe specificato).

Non c'è problema invece se consideriamo che nella clausola è contemplata la morte del primo figlio, cioè del fidanzato "promesso". Se il padre è vivo, la donna (che è sotto la sua potestà) è data da lui ad un altro figlio, come abbiamo visto al N 1. Se invece è morto, nessuno ha il diritto di imporla ad un fratello del defunto. Essa passa dunque automaticamente sotto la potestà di un eventuale figlio del defunto, che la deve sposare (se già in "maggiore" età). Cf. anche il Par. 33 (stesso caso, solo che si tratta di una donna ormai sposata, ma senza figli), in cui viene stabilito che alla morte del marito suo suocero può farla sposare ad un cognato. Ma se marito e suocero sono morti, non si fa più menzione di cognati, e la donna diventa automaticamente vedova-almattu, e <<andrà dove vorrà>>. 3. Nel caso che non ci siano figli del fidanzato defunto in età non minore di dieci anni, la potestà sulla donna ritorna a suo padre, che può scegliere fra due soluzioni: o destinarla ugualmente ad uno dei figli del fidanzato defunto (in attesa che arrivi a compiere i dieci anni) o rescindere l'accordo matrimoniale con la restituzione dei doni nuziali. 4. Per ultimo, il caso della mancanza di figli del fidanzato defunto: la rescissione del matrimonio è qui consequenziale, con la restituzione dei doni nuziali, ad eccezione dei commestibili; a chi vengono restituiti questi doni? Ovviamente al superstite che ha ereditato: cioè o i fratelli o la moglie (in tal caso vedova-almattu) dell'uomo che aveva acquisito la nuora con il rito descritto all'inizio.

TAVOLETTA A

Par. 44
(KAV 1, Col. VI)

40. Se un uomo "assiro"
41. e se una donna "assira"
42. che come pegno corrispondentemente al suo prezzo nella casa di un uomo
43. abita, per il prezzo completo è stato preso,
44. (lo) batterà, (gli) raderà (i capelli)
45. le sue orecchie ferirà (o) forerà.

Il paragrafo tratta della condizione di un *aššurāju* (o di una *aššuraittu*), quando è stato preso in pegno per un debito e poi, non essendo stato questo pagato, è caduto definitivamente in possesso del creditore (Cardascia, 216). La condizione di inferiorità sociale (non di schiavitù) di un "assiro" cui si aggiunge il triste stato di pegno non riscattato, e quindi a disposizione del creditore, degrada l'uomo (o la donna) ad uno stato di servitù che permette al padrone di bistrattarlo anche duramente (pur senza diritto, come sembra, di mutilazioni gravi o di morte): un potere in tutto simile a quello del marito sulla moglie (Cardascia, 217; cf. Par. 59).

Dal Codice di Hammurapi, Par. 117, è chiaro che l'*awīlu*, di condizione assai superiore a quella dell'*aššurāju* qui contemplato, non aveva la sorte di cadere definitivamente in possesso del creditore.

Sembra, infine, che il diritto di un tale trattamento non fosse concesso al creditore prima che il pegno cadesse definitivamente in suo possesso.

TAVOLETTA A

Par. 45.
(KAV 1, Col. VI)

46. [S]e una donna è stata data (in moglie)
47. [e] suo marito il nemico ha preso
48. (e) suo suocero e suo figlio non ci sono,
49. due anni la faccia di suo marito vedrà (=suo marito aspetterà /a suo marito apparterrà)
50. In questi due anni se per mangiare
51. [n]on [c']è, verrà e dirà (= farà una dichiarazione alle autorità).
52. [Se] costei (è) [ā]lāittu del palazzo,
53. il suo [palazz]o la nutrirà,
54. il suo (=per esso) [lav]oro farà.
55. [Se] costei (è) [moglie di] un hupšu
56. [...] la [nu]trirà,
57. [il suo lavoro farà],
58. e [se suo marito nella sua città (?)]
59. un campo e [una casa aveva (?)],
60. lei andrà [e ai giudici dirà]
61. così: <<Da mangi[are non c'è (per me)]>>.
62. i giudici allo [hazi]ānu (= capo del distretto) (e) agli anziani della città
63. chiederanno,
64. secondo il valore che campo in questa città avrà raggiunto (50)
65. il campo e la casa per suo (= di lei) nutrimento
66. di due anni venderanno
67. e le daranno (i proventi).(51)
68. Lei resterà in attesa e la sua (= di lei) tavoletta scriveranno.
69. Due anni compirà (= farà passare) (e poi) presso il marito del suo cuore (= che vorrà)
70. abiterà.(52)
71. La sua (= di lei) tavoletta come vedova-almattu scriveranno.
72. Se nel seguito dei giorni suo marito
73. scomparso al paese ritorna,
74. sua moglie che fuori (= da altri)
75. era stata presa (in moglie), la (ri)prenderà,
76. verso i figli che al suo secondo marito
77. ha generato non avrà rivendicazioni,
78. e il suo (= di lei) secondo marito (li) prenderà.
79. Il campo e la casa che come suo (= di lei) nutrimento
80. per il loro prezzo intero
81. fuori (=ad altri) lei aveva dato,

---

(50).Postgate: <<wheter the field and house belong in that village>>.
Ved. per questa interpretazione di alāku BSOAS 34/3,503;
cf. B 18:23. Diversamente CAD A/I,313 (cf. anche Driver-Miles e Cardascia a questo proposito): <<they inquire wheter he (the husband) used to hold (i.e., perform ilku service for) a field in his town>>.
Accettiamo qui la proposta di J.-M. Durand, fatta sulla base del testo inedito AO.19228, in corso di pubblicazione su "Assur".
(51).BSOAS 34/3,503: <<they shall sell>> uppušu + nadānu.
(52).Postgate, BSOAS 34/3,502: <<she may be "in waiting" for the usband of her choice>>

82. se alla fortezza del re lui (oppure: il campo) non è entrato,
83. così come sono stati dati darà (=riscatterà)
84. e prenderà;
85. e se non ritornerà
86. (e) in un altro paese è morto,
87. il suo campo e la sua casa, dove il re
88. avrà dato, darà.

Il paragrafo tratta della situazione della donna il cui marito è scomparso durante una spedizione militare. Il mantenimento di questa donna tocca ai parenti che hanno, in mancanza del marito, potestà su di lei, cioè il suocero e i figli. In mancanza di questi, la donna deve restare due anni fedele al marito(53) ed è lo stato che deve provvedere al suo mantenimento. Si prevedono qui tre ipotesi:

1. La donna è "dipendente del palazzo" (se la ricostruzione ālāittu, che accettiamo come la più probabile, è esatta), cioè il marito era direttamente sottomesso all' autorità del palazzo (fosse questo quello del re o di un governatore). In tal caso è il palazzo stesso (se la ricostruzione che proponiamo è giusta)(54) che deve provvedere a lei, dietro compenso di una certa prestazione di lavoro.
2. La donna è moglie di un hupšu(55); questi soldati "apparaissent tantôt comme des troupes irrégulières, probablement mercenaires, tantôt comme les membres d une arme ou d un service spécial, sapeurs ou pionniers "(Cardascia,220-221)(56). Qui hupšu sembra in contrapposizione con il soldato ālāju del palazzo, su cui ved. all'ipotesi 1.; pare cioè o che si tratti di soldati reclutati tra coloro che non erano direttamente dipendenti dal palazzo, ma "civili" (artigiani e sim.), o che costituissero le truppe mobili (mentre gli ālājū erano fissi).

   Non si sa chi debba provvedere al mantenimento della moglie dello hupšu; probabilmente nella parte del testo ora scomparsa era riportato il titolo del funzionario che aveva la responsabilità, anche amministrativa, di questo tipo di truppe. Come la moglie del soldato "del palazzo", anche la moglie dello hupšu deve sottostare ad una certa prestazione di lavoro (se la ricostruzione del testo è giusta): in questo caso forse come vivandiera o sim. al seguito della truppa.

---

(53).Il periodo è meno lungo che per l' attesa del marito che sta lontano per motivi di lavoro (Par. 36): "on estime moins probable le retour du prisonnier que celui du civil", Cardascia,223).

(54).Cf. Postgate, BSOAS 34/3,502. Garelli, Semitica 17,7 n. 2: [ha-zi]-aš-ša, cf. AHw, 339a.

(55).Per CAD H, 241b non esiste la seconda ipotesi ("she ... shall do the work in his place, she is (the wife of) a h.": interpretazione che escludiamo soprattutto per la ripetizione del verbo 'kl Š (VI:56).

(56).Per CAD H, 241b: "in Assyria (as designation of persons serving in the vanguard of the army and subject to corvée work; also used as a term of abuse)". Per AHw, 257b: "Angehöriger einer niederen Klasse, oft Soldaten".

3. La terza ipotesi prevede il possesso di un appezzamento di terra e di una casa da parte del marito scomparso, forse avuto in "feudo" come compenso di precedenti prestazioni militari. Sembra dunque che il soldato sia stato poi richiamato per un' altra campagna di guerra, dalla quale non è ritornato. Solo dopo che i giudici avranno constatato, sulla base di autorevoli testimonianze, la situazione della donna, le sarà concesso di usufruire per due anni dei proventi della vendita del campo di suo marito, in attesa del suo ritorno. Passati i due anni la donna sarà libera di risposarsi(57), e sarà dichiarata ufficialmente vedova-almattu. Nel caso di un ritorno del marito dopo due anni, costui ha diritto di riprendersi la moglie che nel frattempo si è risposata, mentre i figli di secondo letto nati nel frattempo non potranno essere tolti al loro padre. Riguardo al possedimento che aveva prima della sua partenza, il marito ritornato ha il diritto di riscattarlo, ricomprandolo allo stesso prezzo a cui era stato venduto (58), sempreché non "entri alla fortezza del re". La frase ha significato oscuro, ed è stata interpretata in modi diversi. Comunemente è stato inteso come soggetto il marito, ma ultimamente il Postgate (BSOAS, cit., 505) ha supposto che il soggetto fosse la terra. Nel primo caso, potremmo intendere che il marito può ricomprare il suo possedimento solo se non riprenderà il servizio militare, e si impegna quindi a coltivarlo; nella interpretazione di Postgate invece si deve intendere che il marito può riscattare il possedimento solo se questo non è rientrato nei possedimenti statali.

Anche l'ultima frase è oscura. Ci sembra comunque significare che il re si arroga il diritto di lasciarlo all'uomo a cui era stato venduto o di toglierlo (certo rifondendogli la somma versata) e di concederlo a un altro.

---

(57).ana kīdi di V: 74 secondo CAD K.346b significa che la moglie, sposandosi, si era allontanata. Ved. comunque Cardascia,224. Cf. anche la l. VI: 81, che porta a interpretare "a terzi, presso terzi", cioè fuori della famiglia.

(58).Il verbo alla linea VI:81 è al Pret. 3 femm. sing. cong.; ved. Postgate, BSOAS 34/2,388.

TAVOLETTA A

Par. 46.
(KAV 1, Col. VI)

89. Se una donna il cui marito è morto
90. alla morte (di) suo marito dalla sua (= di lei) casa
91. non è uscita,
92. se suo marito qualcosa non le ha scritto (= lasciato in eredità)
93. nella casa dei suoi (= di lei) figli dove vorrà
94. dimorerà.
95. I figli di suo marito la nutriranno,
96. il suo mangiare e bere
97. come di una fidanzata che essi la amino
98. le assegneranno.
99. Se costei è una (moglie) "secondaria"
100. (e) i figli suoi non ci sono
101. con il primo (dei figli di suo marito) dimorerà
102. e insieme la nutriranno.
103. Se figli suoi ci sono
104. (e) i figli della "prima" moglie nel nutrirla
105. non sono d'accordo, nella casa dei figli
106. suoi propri, dove vuole
107. dimorerà e i suoi propri figli
108. la nutriranno e il loro (= per loro) lavoro farà,
109. e se tra i figli di suo marito
110. [c']è chi l'ha presa (in moglie)
111. [chi] l'[ha pres]a (in moglie) la nutrirà
112. [e i figli suoi (= di lei) n]on la nutriranno.

Situazione della vedova, che non si è risposata e che non ha avuto nulla in eredità dal marito. La frase alle ll. VI:90-91 "exprime la volonté de l'épouse de demourer auprès de la famille du mari" (Cardascia, 227), mentre la l. VI:92 prova che "le douaire assyrien est conventionnel; il n'existe pas de douaire légal" e che "à défaut du douaire, la veuve assyrienne ne reçoit pas, comme la babylonienne, une part d'héretier (CH 172)" (Cardascia, ib.).

A. Moglie principale(?). Vivrà nella casa di uno dei suoi figli, dove preferirà. Gli altri figli del marito (secondo il Cardascia, 228, nati da una moglie precedente e defunta; ma forse si tratta dei figli di un'altra moglie) hanno l'obbligo di mantenerla e di "amarla come una fidanzata".

B. Moglie secondaria?.

a. Senza figli suoi. Dimorerà nella casa di uno dei figli di suo marito(59). Tutti gli altri figli contribuiranno a mantenerla.

b. Con figli suoi. Gli altri figli del marito non sono obbligati a

---

(59).La frase nel testo porta *ištu iltēn*, che sembra volere differenziare il caso da quelli precedenti (VI:93) e seguente (VI:106): invece di dimorare presso il figlio che preferisce, qui sembra piuttosto che debba dimorare con il primogenito.

mantenerla. Dimorerà nella casa di uno dei suoi figli. Tutti gli altri figli suoi contribuiranno a mantenerla, e lei sarà tenuta a dare una certa prestazione di lavoro.

c. Con figli suoi, ma sposata ad uno dei figli di suo marito. Spetta solo a costui l'obbligo di mantenerla.

Questo paragrafo è l'unico che tratti di due tipi di mogli: una che viene prima (pān]tu), ed una che viene dopo (urkittu); il silenzio negli altri paragrafi a proposito di un fattore di distinzione tanto importante stupisce, specie in considerazione del fatto che la tavoletta A (KAV 1) è dedicata alla donna. Per questo abbiamo segnato poco sopra con un punto interrogativo i due termini "principale" e "secondaria". Ci sembra infatti valida anche l'alternativa di intenderli in senso cronologico, cioè "donna sposata prima" e "donna sposata dopo" (non necessariamente dopo la morte dell'altra: c'era infatti la possibilità di bigamia, se non altro in conseguenza del levirato). In questa luce ha più senso l'ipotesi considerata alla fine del paragrafo, cioè il matrimonio tra uno dei figli della prima moglie e la seconda moglie del padre, ovviamente più giovane della precedente (mentre non è considerato il caso di matrimonio tra prima moglie e figlio della seconda).

Rimane da spiegare, è vero, una differenza di trattamento riservata alle due donne: la "prima" deve essere mantenuta da tutti i figli, suoi e dell'altra; la "seconda" deve essere mantenuta solo dai figli suoi, non necessariamente dai figli dell'altra. Ma forse non si tratta qui di differenza di importanza tra le due mogli; è possibile invece che la legge consideri i diritti acquisiti dai figli al momento della loro nascita: i figli della prima moglie sono nati con il dovere di mantenere la madre, non altre donne che al momento non erano in famiglia e di cui non si poteva prevedere la venuta; diversamente, i figli della seconda moglie hanno automaticamente acquisito al momento della nascita il dovere di mantenere la madre e la prima moglie del padre.

TAVOLETTA A

Par. 47
(KAV. 1, Col. VII)

1. Se un uomo o una donna
2. un sortilegio ha fatto
3. e nelle loro mani è stato preso
4. hanno portato prove contro di loro
5. (ed) hanno provato la loro colpevolezza,
6. chi ha fatto il sortilegio uccideranno.
7. L'uomo che ha sentito dalla bocca di chi ha visto un sortilegio
8. (dire) che ha visto fare un sortilegio (e) costui gli ha detto
10. così: <<Io ho visto>>
12. colui che ha sentito andrà,
13. al re parlerà.
14. Se colui che ha visto, quello che al re
15. ha detto nega,
16. davanti al dio GUD figlio di Šamaš dirà
17. così: <<Giuro che me (lo) ha detto>> è libero.
18. Colui che ha visto (e) che ha detto
19. e (poi) ha negato
20. il re, come vorrà,
21. lo interrogherà ripetutamente
22. e il suo retro (= recondito pensiero) vedrà.
23. L'esorcista quando esorcizzerà
24. l'uomo farà parlare,
25. e costui (= l'esorcista) parlerà
26. così: <<Il giuramento che al re
27. e a suo figlio hai giurato
28. non vi scioglieranno; secondo il contesto
29. della tavoletta che al re e a suo figlio
30. hai giurato,
31. hai giurato>>.

Il paragrafo è distinto in due parti. Nella prima è contemplato il caso di un/una fattucchiere/a colto/a in flagrante, e quindi condannato/a a morte. Nella seconda è contemplato il caso di una persona che riferisce di aver sentito dire da un'altra d'aver assistito ad un sortilegio, ma poi ritratta, ed è sottoposto quindi ad una inchiesta e ad un esorcismo.

Per la traduzione delle ll. VII:7-11 seguiamo qui Postgate, BSOAS 24/2,388.

TAVOLETTA A

Par. 48
(KAV 1, Col. VII)

32. Se un uomo la figlia di un suo debitore
33. che come (pegno per il) debito
34. nella sua casa dimora
35. (al) suo padre domanda
36. ad un marito la darà.
37. Se suo padre non è d'accordo non (la) darà.
38. Se suo padre è morto,
39. (al) primo tra i suoi fratelli chiederà,
40. e costui a(gl)i (altri) suoi (= di lei) fratelli dirà (= parlerà).
41. Se un fratello dirà
42. così: <<Mia sorella entro un mese libererò>>
43. se entro un mese non (l')avrà liberata
44. il padrone dell'argento (= il creditore) se vuole la dichiarerà libera (da altrui rivendicazioni)
45. a un marito la darà,
46. [e se vuole, secondo] il contesto
47. [della sua tavoletta (di credito)] la [da]rà.
48. [...] x
49. [...] x
50. [...] x x x
51. [...] x loro
52. [...] suo

Dal paragrafo (o almeno da quanto rimane) è chiaro che un creditore presso cui è stata data in pegno una donna non può farla sposare (e farsi dare dal marito il prezzo della donna) senza il consenso del padre. Se il padre è morto, sono i fratelli a sostituirsi nella patria potestà, che non esercitano però con tutti i diritti paterni: infatti essi possono sottrarre la sorella al matrimonio combinato dal creditore solo riscattandola entro un mese dal momento in cui è stata loro annunciata l'intenzione di farla sposare. Passato il mese, il creditore potrà dichiarare che sulla donna non gravano diritti di altri e quindi potrà darla in matrimonio, oppure passarla ad un altro, sempre come pegno, alle stesse condizioni con cui era stata data a lui.

Quest'ultima clausola è stata ricostruita diversamente dalla maggior parte degli editori delle Leggi: cioè con una integrazione giudicata dal Cardascia, 238, "un peu hasardeuse": "ad argento la darà" (cioè "la venderà"). In effetti la ricostruzione non è molto convincente; anzitutto ci sono i paragrafi 2 e 3 di C+G che proibiscono espressamente di vendere le persone che vivono in casa come pegno; in secondo luogo è chiaro che con questo sistema si permetterebbe al creditore di fingere di voler dare in matrimonio la ragazza, per ottenere così automaticamente la riduzione del termine di pagamento ad un mese, trascorso il quale potrebbe liberamente disporne e venderla.

Ci sembra dunque che la seconda possibilità del creditore, nel caso che i fratelli non possano riscattare la sorella entro un mese, non sia quella di venderla, ma di passarla ad un'altra persona(60), che diventa così automaticamente creditrice dei fratelli, in sostituzione del creditore precedente, con tutti i doveri che comporta una tale situazione, ben diversi dai diritti posseduti da un "compratore".

In questa luce, ci sembra che tutto il paragrafo contempli il caso di un creditore che non ha la possibilità finanziaria di mantenere una donna che gli è stata ceduta in pegno. In tal caso egli può "passarla" (non venderla!) a terzi, o dandola in moglie o cedendo i suoi diritti di creditore a un altro, dietro pagamento della somma che gli spetta.

Il resto del paragrafo, andato perduto, può forse fare riferimento ai fratelli ed al loro diritto di riscattare la donna dal nuovo creditore secondo i termini del contratto steso con il primo.

---

(60). La nostra integrazione di VII:47, anziché [tup-pi-šu a-na KUG.UD i-id]-dan-ši è semplicemente [tup-pi-šu i-id]-dan-ši o anche [tup-pi-šu a-na (LÚ) ša-ni-e(-ma) i-id]-dan-ši

TAVOLETTA A

Par. 49
(KAV 1, Col. VII)

53. [...]
54. [...]
55. come? [...]
56. [c]ome un/il fratello
57. e se la prostituta muore
58. [co]me i suoi fratelli
59. hanno detto
60. [i figl]i? suoi (= di lei) come un fratello la parte (di eredità)
61. [con] il fratello della loro madre
62. [dividera]nno

Dalla seconda parte del paragrafo sembra che le proprietà della prostituta, ottenute con i proventi del suo lavoro, vadano in eredità ai suoi fratelli e ai suoi figli ["figli" ricostruito]. Strana è l'alternanza tra ŠEŠ (sing.) e ŠEŠ MEŠ (plur.); non è chiaro se la parte che tocca ai figli equivalga a quella che spetta ad ogni fratello (o al solo fratello maggiore?), oppure se ogni figlio abbia gli stessi diritti di ogni fratello. Comunque sia, il fatto che i fratelli partecipino dell'eredità, oltre alla frase in VII:58-59, sembra provare che erano direttamente interessati ai suoi proventi: forse ne incameravano una parte ed amministravano quella che spettava alla sorella.

Nella prima parte del paragrafo, che forse trattava dei proventi della prostituta quando è in vita, si specificava appunto, probabilmente, la spartizione dei guadagni della donna. L'ultima linea del passo che tratta questa ipotesi (VII:56) sembra suggerire che tali guadagni venivano divisi in parti uguali tra la prostituta e i fratelli.

TAVOLETTA A

Par. 50
(KAV 1, Col. VII)

63. [Se un uomo la moglie di un uomo ha b]attuto,
64. [quello del suo cuore (= feto)] le [ha fatto gettare]
65. [la moglie dell'uomo che alla mogli]e dell'uomo
66. qu[ello del suo cuore (= feto) ha fatto getta]re
67. allora [come] l'ha t[rattata]
68. [la trat]teranno; per quel]lo del suo cuore (= feto)
69. vite (= vita per vita) compenserà.
70. E se questa donna muore
71. l'uomo uccideranno;
72. per quello del suo cuore (= feto)
73. vite (= vita per vita) compenserà.
74. E se del marito di questa donna
75. figlio suo non c'è (= non ha figli), (e) sua moglie
76. (l'altro) ha battuto e quello del suo cuore (= feto)
77. lei ha abortito
78. per quello del suo cuore (= feto)
79. chi (l')ha battuta uccideranno.
80. Se quello del suo cuore (= feto) è una femmina
81. vite (= vita per vita) ugualmente compenserà.

Par. 51
(KAV 1, Col. VII)

82. Se un uomo la moglie di un uomo
83. che non (può) alleva(re) ha battuto,
84. quello del suo cuore (= feto) le ha fatto abortire,
85. la pena (è) questa:
86. due talenti di stagno darà.

Come i due paragrafi seguenti, che vedremo separatamente, i Par. 50-51 trattano dell'aborto. Il caso contemplato nel Par. 50 è quello dell'aborto provocato dalle percosse di un uomo (61). Sono contemplate tre ipotesi:

1. Aborto provocato da percosse. La punizione-tipo consiste nella legge del taglione, per cui si farà abortire la moglie di chi ha provocato l'aborto; il termine "moglie dell'uomo" aggressore è ricostruito in contesto rotto, ma accettabile dietro le considerazioni di Driver e Cardascia (cf. Cardascia, 241). Non è compreso il caso, certamente assai più frequente, in cui la moglie dell'aggressore non si trovava incinta; forse l'applicazione della pena era differita al momento in cui concepiva (Cardascia, ib.).
2. Aborto e morte della donna. La pena per l'aggressore è la morte.
3. Il marito della donna che abortisce in seguito a percosse non ha

---

(61). Cf. il Par. 21. (stesso caso, a proposito di una nubile) altri figli. In questo caso, considerato più grave rispetto al primo, l'aggressore viene messo a morte. Cardascia, 242, pensa che un tale rigore lasci supporre che la lesione abbia reso sterile la donna, ma forse basta l'incertezza che possano nascere altri figli, senza contare che può aver avuto la sua influenza l'importanza sempre riconosciuta al primogenito.

La legge specifica infine che la pena è uguale anche se il nascituro è di sesso femminile. Data la quasi nullità dell'importanza della donna rispetto al maschio, ci si potrebbe aspettare infatti una diminuzione della pena. Ma il fatto che il feto fosse femminile è una circostanza che non è vista come un'attenuante, dato che l'aggressore, nel momento del delitto, non lo poteva sapere.

Un'attenuante è invece considerata al Par. 51, che tratta del caso di una moglie "che non fa crescere" (i suoi figli); si tratta evidentemente di una donna che altre volte è rimasta incinta ma non ha portato a termine la gravidanza, o ha partorito figli morti, a causa di un suo difetto fisico. Poiché il marito di questa donna non avrebbe comunque avuto da lei un figlio, la pena per l'aggressore è limitata ad una multa di due talenti di stagno.

TAVOLETTA A

Par. 52
(KAV 1, Col. VII)

87. Se un uomo una prostituta ha battuto,
88. quello del suo cuore (= feto) le ha fatto abortire
89. colpo su colpo
90. gli metteranno (= daranno)
91. vite (= vita per vita) compenserà.

Il significato di questo paragrafo è discusso. Driver pensa che l'ultima frase spieghi la precedente: il rendere colpo su colpo all'uomo equivale al rendere "vita per vita", ma Cardascia ha fatto notare che questa interpretazione è in contrasto con il significato di napšatē umallā dato dallo stesso Driver (far morire un essere vivente per compensare la morte di un altro). Il Cardascia, 244, pensa che si tratti di una doppia sanzione: l'aggressore deve essere battuto, ed inoltre deve fornire alla vittima un essere che rimpiazzi il feto perduto. Questa interpretazione è verisimile, ma è in contrasto anch'essa con l'interpretazione di napšate umallā del Driver, cui il Cardascia, 242, sembra associarsi.

Un'altra interpretazione può essere suggerita dal fatto che quando le leggi trattano della pena delle bastonate, specificano il numero dei colpi di bastone che devono essere comminati al colpevole. Qui la frase "colpo su colpo" non specifica il numero, né ovviamente tale numero può essere commisurato ai colpi inferti dall'aggressore alla donna, un po' difficili da stabilire: eventuali testimoni e la donna stessa non si saranno certo preoccupati, durante l'episodio, di contare i colpi portati. Ci sembra dunque che sia possibile interpretare la frase come "gli daranno tanti colpi fino a farlo morire", così da "compensare vita per vita". Si tratterebbe evidentemente di un tipo di morte diverso da quello contemplato per l'aggressore del paragrafo 50 (aggressore che provoca aborto e morte della donna; aggressore che provoca l'aborto alla moglie di un uomo senza figli), dove la frase a'īla idukkū ("l'uomo uccideranno") fa forse riferimento al normale tipo di morte inflitto ai condannati a questa pena.

Viene da chiedersi, ovviamente, perché mai si condannasse un uomo ad una pena tanto grave (se la nostra interpretazione è esatta) quando è noto che la prostituta era parecchio in basso nella considerazione dei contemporanei (cf. Par. 40). Una risposta può essere data dal fatto che la prostituta, non avendo marito, poteva sperare solo nei figli una volta che, in età matura e poi nella vecchiaia, le fosse via via venuta meno l'occasione di guadagnare. Avere un figlio poteva essere dunque per lei questione di vita o di morte; si aggiunga il fatto che per la prostituta avere un figlio significava sacrificare al mestiere, e quindi anche al guadagno, un certo periodo di tempo, per cui non solo non poteva permettersi il lusso di averne molti, ma perderne uno (magari verso la fine della gravidanza) voleva dire per lei ricominciare da capo, con altri giorni ed altri guadagni perduti.

TAVOLETTA A

Par. 53
(KAV 1, Col. VII)

92. Se una donna spontaneamente
93. quello del suo cuore (= feto) ha abortito,
94. hanno portato prove contro di lei
95. hanno provato la sua colpevolezza
96. sui pali la porranno,
97. non la seppelliranno.
98. Se nell'abortire(62) quello del suo cuore (= feto)
99. lei muore,
100. sui pali la porranno,
101. non la seppelliranno.
102. Se questa donna che quello del suo cuore (= feto)
103. ha gettato
104. (e che) lo [ha nas]costo / hanno nascosto
105. [... (non?)] hanno detto
106. [...] x
107. [...] x
108. [...]
109. [...]
110. [...]
111. [...]
112. [...]
113. [...]
114. [...]

Il paragrafo, che tratta dell'aborto volontario, termina in contesto rotto, per cui non è possibile determinarne la fine. Secondo il Cardascia, 247, terminava alla linea VII:108. Il nostro proseguimento fino al termine della colonna non è una scelta alternativa, ma è dovuto solo al fatto che non possiamo stabilire il punto preciso di demarcazione tra questo paragrafo ed il successivo.

La gravità della pena per l'aborto volontario indica che questo delitto è il più grave tra quelli considerati nelle leggi assire. Il Cardascia, 245, rifacendosi agli inizi difficili del popolo assiro, circondato da potenti nemici (von Soden, Iraq 25,131 sg.) pensa che si potrebbe spiegare come la reazione di difesa di un popolo minacciato nella sua stessa esistenza. Il crimine è dunque trattato come delitto pubblico (la donna non è affidata per la punizione a chi ha potere su di lei, padre o marito che fosse). Le considerazioni del Cardascia sono senz'altro giuste, a patto di considerare questo articolo come un esempio di sopravvivenza di una legislazione precedente; non sarebbero spiegabili, altrimenti, gli esempi della legge del taglione visti nei paragrafi precedenti, perché lo stato, per punire chi lo ha privato di un futuro membro, non avrebbe chiesto "vita per vita", privandosi ulteriormente di un altro membro.

----

(62)."nell'abortire" è nella linea seguente

All'ipotesi del Cardascia, aggiungiamo soltanto che nello stabilire una pena così grave possono aver avuto influenza altre ragioni. Si consideri ad esempio il fatto che la donna colpevole ha abortito di sua spontanea volontà (<u>ramīnīša</u>): l'aborto è qui considerato dunque un delitto volontario, che deve essere punito dopo che sono state raccolte prove valide sulla colpevolezza della donna; si tratta dunque di un caso più grave di quelli considerati nei paragrafi precedenti (aborto provocato da percosse, e quindi presumibilmente fortuito) dove pure è richiesta "vita per vita". E si aggiunga, inoltre, il fatto che la colpevole è una donna, cioè un essere inferiore per cui è prevista una pena più grave, senza contare che può aver forse giocato un suo ruolo (ma non potremmo giurarlo) la considerazione che ha agito contro il suo stesso corpo, per cui una punizione che esponesse il corpo al massimo ludibrio poteva costituire una sorta di contrappasso.

Le linee VII:102-105 non sono di significato chiaro. Sembra comunque che sia previsto: 1. o il fatto che la donna ha abortito e nascosto il feto e che qualcuno la denunci; 2. oppure il fatto che qualcuno ha saputo che la donna ha abortito, e lo ha tenuto nascosto; cf. le integrazioni di von Soden. AHw, 852a [<u>ú/tu-pa</u>]- e [<u>up-ta</u>]- di Driver e Cardascia, 244 (secondo Driver, tracce di <u>up</u> sono visibili nella fotografia dell'originale) per la linea VII: 104. L'integrazione [<u>ana</u> LUGAL (<u>lā</u>)] alla linea successiva è possibile ma tutt'altro che certa.

TAVOLETTA A

Par. 54
(KAV 1, Col. VIII)

1. [...] non c'è/ci sono
2. [...] x
3. [...] x x
4. [... oppu]re(?) schiave
5. [...] x

Il paragrafo, che probabilmente inizia con una qualsiasi linea tra le ultime della colonna VII, può forse trattare di aborto o di violenza (cf. Par. 55).

TAVOLETTA A

Par. 55
(KAV 1, Col. VIII)

6. [Se un uomo la figlia] di un uomo (ancora) ragazza
7. [che nella casa di] suo [pa]dre
8. [dim]ora
9. il suo [...] non utarrišūni (ved. commento)
10. [...] non è stato aperto
11. non sposata
12. e un diritto
13. nei riguardi della casa di suo padre
14. non hanno acquisito,
15. l'uomo sia dentro la città
16. sia nella campagna
17. o di notte nella piazza
18. o in un granaio
19. o durante una festa della città
20. l'uomo come/poiché a forza
21. la ragazza ha preso e
22. l'ha violentata
23. il padre della ragazza
24. la moglie di quello che è giaciuto
25. con la ragazza, prenderà,
26. alla violenza
27. la darà,
28. a suo marito non la restituirà,
29. la prenderà.
30. Il padre sua figlia che è giaciuta (a forza)
31. a quello che è giaciuto con lei
32. in matrimonio la darà.
33. Se moglie sua non c'è (= se il colpevole non ha moglie)
34. il triplo? dell'argento prezzo della/di una ragazza
35. colui che è giaciuto a suo padre darà,
36. colui che è giaciuto con lei la sposerà
37. non la opprimerà(?)(63).
38. Se il padre non vuole,
39. l'argento triplo per la ragazza
40. riceverà, sua figlia
41. a chi vorrà darà.

Par. 56
(KAV 1, Col. VIII)

42. Se la ragazza spontaneamente
43. all'uomo ha dato (sé stessa)
44. l'uomo giurerà, a sua moglie

---

(63).Con Driver, Cardascia, 249 intende samāku nel senso di "renvoyer", "repousser"; secondo AHw, 1017a, il verbo ha il significato di "überdecken" e, in questo contesto particolare, "unter Druck setzen?". Landsberger, Symbolae David ..., 52: "er darf sie nicht verstoben".

45. non si avvicineranno.
46. Il triplo dell'argento prezzo della ragazza
47. colui che è giaciuto darà,
48. (ed) il padre [sua] figlia
49. come vuole tratte[rà].

Il paragrafo 55 tratta della violenza ad una ragazza (*batultu* CAD B. 173a: "adolescent, nubile"; AHw, 115b: "Jungfrau"). La legge specifica le condizioni in cui deve trovarsi la ragazza perché all'aggressore sia comminata la pena prevista. Si specifica anzitutto che deve essere ancora una fanciulla che abiti nella casa paterna. Un'altra condizione è alla linea VIII:9, ma non è chiara: "il suo (della ragazza) [contesto rotto] non *utarrišūni*". Il Cardascia critica la ricostruzione di Driver e Miles [*a-ba-a*]*-ša lā utarrišūni* con l'interpretazione "a suo [padre] non (l')hanno richiesta (in matrimonio)" (le piel de *erēšu*, <<demander>> n'est pas attesté, Cardascia, 247 nota a); si può aggiungere che il fatto che una vergine sia stata semplicemente richiesta (nemmeno promessa) in matrimonio non può costituire, ci sembra, un'attenuante per l'aggressore. Il Cardascia, 247, propone quindi la traduzione "dont [le *pudendum*] n'a pas été souillé", il che significherebbe che la ragazza era vergine: concetto ripetuto nella riga successiva, e quindi "exprimé de facon redondante". Pur ammettendo la possibilità che il redattore abbia voluto particolarmente insistere sul fatto che la fanciulla debba essere vergine, pensiamo che sia possibile un'altra interpretazione, sempre accettando che il verbo in discussione sia *arāšu* D, come pensa il Cardascia: il termine *harištu*, CAD H, 104, citato dallo stesso Cardascia, significa "menstruating woman", e se è veramente "in free variation with *arištu*" (in senso contrario CAD A/II, 268b) può aiutarci a specificare meglio il concetto, cioè che si debba trattare di una ragazza che non ha ancora avuto le mestruazioni (64).

La condizione espressa di seguito è chiara: la ragazza deve essere vergine (Driver, seguito da Cardascia, propone l'integrazione [*pu-uš*]*-ga*, dove *pušqu*, "strettezza, ristrettezza" [AHw.883b] designerebbe l'intimità femminile) (65).

Segue la condizione secondo cui la ragazza non deve essere stata data in matrimonio: condizione che era inutile specificare, dopo l'elenco delle precedenti; sembra evidente infatti che una ragazza che sta ancora presso suo padre ed è vergine non è ancora sposata a tutti gli effetti. Tuttavia è possibile che il redattore delle leggi abbia voluto qui escludere, con il verbo *ahāzu* che indica un matrimonio fuori della norma (cf. Cardascia), il caso di una ragazza che pur trovandosi nelle condizioni elencate sopra si trovi in qualche modo ufficialmente legata o promessa ad un uomo; in tal caso la pena per l'aggressore deve essere diversa (non necessariamente più lieve), perché il matrimonio riparatore sarebbe qui impossibile a meno di rompere un impegno precedente (66).

----

(64). Landsberger, Symbolae David ..., 51: "der Körper nicht beschmutztist", con l'integrazione [*naqar*]*ša*.

(65). Landsberger, Symbolae David ... 51: "die mit Gewalt nicht entjungfert", con l'integrazione [*emū*]*qa*.

L'ultima condizione si riallaccia alla precedente perché non è legata alla situazione fisica della ragazza, ma si riferisce ad un diritto che hanno altre persone nei suoi riguardi. La nostra traduzione non coincide esattamente con quella del Cardascia (per cui rugummānû è "réclamant"; qui seguiamo AHw, 993a: "Rechtsanspruch"), ma il senso è lo stesso: non devono esserci rivendicazioni portate "alla casa di suo padre". Driver pensa che la frase significhi che la ragazza poteva essere suscettibile di essere prelevata come pegno da un creditore del padre; Cardascia pensa invece che se un creditore aveva qualche diritto sulla ragazza, è dubbio che tale diritto fosse anteriore al momento in cui veniva prelevata come pegno; egli interpreta quindi la frase in senso più largo, ipotizzando che il diritto potesse essere avanzato da un fidanzato, o da un padre putativo, ecc. La frase "alla/nei riguardi della casa di suo padre" dà tuttavia, ci sembra, un significato leggermente diverso; se il diritto fosse stato acquisito nei riguardi della ragazza tale frase non sarebbe stata usata, ma avremmo trovato al suo posto la presenza di un pronome femminile di terza persona. Sembra dunque che qui si voglia parlare di un diritto sul padre della ragazza, che si trovasse nella necessità di restituire un debito, di pagare una forte multa, di sostenere le conseguenze di un processo perduto, o simili. In tal caso era come se pendesse un'ipoteca su tutti i beni del padre, ivi compresi anche i figli.

Chiarite le condizioni, fisiche e giuridiche, della ragazza, senza le quali non viene ravvisato il crimine considerato nel paragrafo, la legge passa ad enumerare tutte le condizioni in cui tale crimine poteva verificarsi. Come bene nota il Cardascia, 250, tale enumerazione non è assolutamente limitativa: il redattore si sforza qui di chiarire che l'aggressore è reo indipendentemente dai luoghi e dalle circostanze in cui agisce.

La pena-tipo consiste nel matrimonio riparatore e nella perdita della moglie da parte dell'aggressore, che deve cederla al padre della ragazza che "alla violenza la darà"; più che un avviare la donna alla prostituzione, questa frase vuole significare semplicemente che l'aggressore subisce la pena del taglione da parte del padre della ragazza; in aggiunta, la perdita della donna è definitiva; ella rimarrà, presumibilmente in stato di schiavitù, per sempre presso il padre della fanciulla violentata. Nel caso che l'aggressore non abbia moglie, deve pagare il triplo(?)(67) del prezzo della ragazza, evidentemente un prezzo comunemente accettato come canonico, non stabilito dal padre. Infine viene considerato il caso che il padre non accetti il matrimonio riparatore: in questo caso l'aggressore gli pagherà il triplo(?) del prezzo della ragazza, oltre ovviamente al cedergli la moglie. Bisogna quindi concludere che nel caso in cui l'aggressore non avesse moglie ed il padre non accettasse il matrimonio riparatore, la pena consisteva nel pagamento di un sestuplo(?) del prezzo della ragazza. Il Par. 56 è intimamente legato al precedente. Considera infatti il caso di fornicazione con una vergine, che però non è presa a forza ma è consenziente. La legge chiede solo all'aggressore di giurare in questo senso, ed egli si

---

(66). Diversamente il Cardascia, 249, nota f.: "Le rédacteur semble avoir évité l'expression ordinaire kī aššati, pour lui préférer un vocable désignant spécialement celle que n'entre pas vierge dans le mariage".
(67). Ved. per questa espressione al Par. 24.

limiterà a pagare il triplo(?) del prezzo della ragazza (ved. paragrafo precedente), senza che sua moglie venga presa. La ragazza viene poi affidata alla giustizia del padre, che è libero di agire come crede nei suoi riguardi.

Non sembra che una smentita da parte della ragazza sia presa in considerazione, come avviene ad esempio, in occasione di altre circostanze, al Par. 22 (donna sposata che smentisce chi ha giurato di non aver avuto rapporti con lei).

TAVOLETTA A

Par. 57
(KAV 1, Col. VIII)

50. Sia il battere sia il [...]
51. [la mo]glie di un uo[mo ...]
52. [ciò che nella tavol]etta è scri[tto]
53. [...]

Par. 58
(KAV 1, Col. VIII)

54. In tut[te] le pene [sia dello strappare sia]
55. del tagliare del[la moglie di un uomo]
56. il _k/g/gallu_ sappia [e ...]
57. secondo quanto [nella tavoletta è scritto]

Par. 59
(KAV 1, Col. VIII)

58. Oltre alle pene del[la moglie di un uomo]
59. che nella tavoletta [sono scritte]
60. l'uomo sua moglie [batterà]
61. (le) raderà (i capelli), le o[recchie sue]
62. ferirà (o) fo[rerà].
63. La sua colpa non c'è.

Come ha fatto rilevare il Cardascia, 255, il Par. 57, molto mutilo, può avere una certa spiegazione alla luce di quelli seguenti; il verbo _mahāṣu_, "battere", sembra riferito alle punizioni contemplate nelle leggi (bastonate), più che ad un delitto. Il senso sarebbe dunque: "Le punizioni inflitte alla moglie di un uomo, siano costituite da bastonate o da [ ] e che sono scritte in questa tavoletta, [devono ...]. Il Driver propone l'integrazione [_ma-har_ DI.KUD.MEŠ li-in-ni-puš], cioè "davanti ai giudici siano eseguite".

Il paragrafo successivo parla invece di mutilazioni (nakāsu, "tagliare" alla linea VIII:55, da cui la possibilità di ricostruire napālu, "strappare" alla linea precedente, perché è l'altro verbo usato nelle leggi [Par. 8,87] per questo tipo di punizioni). Il problema di questo paragrafo riguarda il k/q/gallu. Secondo Driver, 291, seguito da Cardascia, 256, sarebbe un prete(?) le cui funzioni non sono ben conosciute ma che possedeva, si può supporre, delle conoscenze particolari di chirurgia. Paralleli con altri termini attestati possono portare a qallu, che significa "piccolo; di poca importanza" ed anche "di rango inferiore: schiavo" (AHw, 894b), e che è attestato, parrebbe, anche in un altro punto delle Leggi (Par. 36, linea IV:105); ma riesce difficile immaginare perché si richiedesse la presenza di un qallu in questo contesto. Un'alternativa può essere offerta da kallû (CAD K, 83 sg.; AHw, 426) che è anche un messaggero del re e la cui presenza era forse necessaria perché l'autorità fosse idealmente presente all'esecuzione della condanna ed immediatamente informata appena fosse avvenuta. In questo caso avrebbe ancor più probabilità di essere giusta l'integrazione del Driver all'ultima linea del paragrafo precedente, che presuppone la presenza di qualcuno appartenente all'autorità (Driver: i giudici). L'integrazione della linea VIII:56 è, secondo Cardascia, 256, -[ma li-in-ni-pu-uš]. Se interpretiamo il termine di cui sopra come kallû potrebbe essere invece -[ma li(-il)-li-ka], "il messaggero sappia [e vada]".

L'ultimo paragrafo trova un interessante parallelo con il Par. 44, che permette a chi ha un "assiro" o una "assira" in casa propria definitivamente acquisiti in seguito ad un debito non pagato, di maltrattarli, e descrive i maltrattamenti permessi. Qui vengono descritti gli stessi maltrattamenti, leciti questa volta al marito che voglia punire la propria moglie. La legge precisa che queste punizioni sono previste oltre a quelle descritte nella tavoletta: essa demanda quindi al marito il potere di farsi giustizia da sé, purché le punizioni non superino i limiti descritti. Il parallelo con il Par. 44 ci porta all'integrazione proposta alla linea VIII: 62, piuttosto che ú-la-[ap-pat] preferito da Cardascia, 257.

TAVOLETTA A

(AfO 12, Tav. 4 = KAV 1, Col. VIII)

63a x [...] x x x x [...] x x x
63b x [...] x x [...] x x
63c [...] casa? uo[mo?] x re
63d x [...] x x x x x
63e [...] x x x [...]
63f [...] x x x
63g x [...] x x x [...] x [...]
63h [...] x x x re [...]
63i [...] -apil-Ekur re [...] x
63k [...] x a? x x x x [...] x

63l [...] x figlio x x [ ] x
63m [...] x x x [...] x
63n [...] x x x x x x [...] x
63o [...] x x non x x [...]

63p [...] x di questa [...] x x [...] x
63q [...] x x x x [...] x
63r [...] x palazzo [...] x
63s [...] x x [...]

63t x x Bēla[t-ekalli?- ...]
63u x Aššur-[...]
63v figlio di x [...]

64 Mese Ša-sarāte, giorno 2,
65 eponimo Saggiu

Nella copia di KAV 1 tra le linee VIII:63 e VIII:64 (dove è riportata la data) compare un vasto spazio che era stato scritto dallo scriba ma poi cancellato con una rasura ed un segno di annullamento (un triangolo con una punta in alto, da cui parte, fino alla base, un segno verticale). Qualche segno è rimasto, così come sono rimaste le linee divisorie, tutte doppie: una dopo la linea VIII:63, un'altra dopo 10 linee, una dopo 4 linee, un'altra ancora dopo 4 linee, infine un'altra ancora dopo tre linee, a separarle dalla data. E.F. Weidner, che ha riportato questo spazio della tavoletta con i segni rimasti (ignorati nella copia di Schroeder in KAV 1) alla Tav. IV di AfO 12, ha pensato che lo scriba abbia cancellato quattro paragrafi perché ha giudicato più opportuno riportarli su una nuova tavoletta. Il Cardascia, 259-260, nota che il doppio tratto, che non si trova mai come segno divisorio dei singoli paragrafi, deve significare un tratto di separazione più forte; egli pensa dunque che i paragrafi riportati fossero estranei alla materia (che tratta delle leggi riguardanti le donne), e che per questo lo scriba abbia poi deciso di cancellarli per riportarli altrove. L'ultima sezione però sembra essere per il Cardascia un colofone, per via dei nomi di persona che vi sono riconoscibili.

Per conto nostro accettiamo senz'altro l'ipotesi del Cardascia riguardo all'ultima sezione, che sicuramente riporta dei nomi personali (forse mai erasi, ma poco leggibili semplicemente per rottura della tavoletta); la loro posizione alla fine del testo non può far pensare ad altro che a colofoni. Riguardo alle altre tre sezioni precedenti l'ipotesi che si tratti di paragrafi non riguardanti l'argomento trattato nella tavoletta, e perciò erasi, è possibile ma dubbia, specie se è valida la lettura che proponiamo per la linea 63 i: cioè il nome di un re che termina in [ ]-apil-Ekur Costui, piuttosto che il successore di Tiglat-pileser I, Ašarēd-apil-Ekur, potrebbe essere Ninurta-apil-Ekur (1191-1179), poiché l'eponimo Saggiu, se il Weidner ha ragione nel collocarlo sotto il regno di Tiglat-pileser (AfO 12,49), costituisce un termine _post quem non_. In ogni caso la presenza del nome di un re esclude, a parer nostro, che ci troviamo di fronte a paragrafi di legge erasi. Si tratterà piuttosto di qualche notizia aggiuntiva: se il nome del re è Ninurta-apil-Ekur, è possibile che lo scriba abbia scritto che alcuni paragrafi delle leggi risalgono al suo regno; altrimenti, se il nome è Ašarēd-apil-Ekur, oltre a spostare di qualche anno la datazione di Saggiu, dovremo pensare che è stato riportato il nome del re sotto cui la tavoletta è stata redatta. Le ragioni per cui queste notizie sono state poi cancellate naturalmente rimangono ignote.

TAVOLETTA B

Copia: KAV 2 (O. Schroeder)
Numero di scavo: Assur 7113 = Photo Assur 1141-2
Numero di Museo (Berlino): VAT 10001
Misure: mm 162 x 158

TAVOLETTA B

(KAV 2, Col. I scomparsa)

Par. 1.
(KAV 2, Col. II)

1. [Se fratelli la casa di loro padre dividono, i fr]utteti
2. [e i pozzi ne]l terreno
3. [... il figlio grand]e (= maggiore) due (volte) la parte
4. [...] sceglierà
5. (e) prenderà
6. e i suoi fratelli dopo insieme
7. sceglieranno (e) prenderanno.
8. Nel campo-__šiluhli__ qualunque cosa
9. e tutte le attrezzature
10. il figlio piccolo (= minore) dividerà,
11. il figlio grande (= maggiore) una parte
12. sceglierà (e) prenderà,
13. e per l'altra sua parte
14. con i suoi fratelli la sua sorte getterà

La parte superiore del paragrafo è ricostruita dietro il confronto con la tavoletta O, che riporta lo stesso articolo di legge. È possibile che le prime parole fossero in una linea antecedente a quella numerata con il numero 1, ma le abbiamo raccolte tutte sotto questa linea per non alterare la numerazione riportata nella copia.

Il paragrafo descrive la procedura che si deve usare nelle divisione ereditaria dei beni paterni, più propriamente dei campi, per i quali distingue due casi, fermo restando che in un caso e nell'altro toccavano due parti al primogenito (cioè si dividevano i beni in tante parti quante erano i fratelli, più una, sicché ai cadetti toccava una parte ed al primogenito due).

Il primo caso si applicava ai giardini e ai pozzi del "terreno", generalmente inteso come "terreno non coltivato", in rapporto al "campo-__šiluhli__" (termine hurrico non chiaro), comunemente inteso come il campo coltivato (ma ved. AHw,1237a, "eine Personenklasse"): distinzione che non ci sentiamo di sottoscrivere pienamente, (anche se non possiamo offrire interpretazioni alternative) (68), se non altro perché la presenza di giardini e di pozzi sembrerebbe implicare l'esistenza di campi coltivati, anziché il contrario. Nel primo caso il figlio maggiore poteva scegliere senz'altro le sue due parti, il che implica l'esistenza di un bene omogeneo; nel secondo caso era il figlio minore che faceva le parti, tra cui il fratello maggiore poteva scegliere una delle sue, mentre per le rimanenti si tirava a sorte; è ovvio che in questo caso c'erano notevoli pericoli che le parti fossero di valore differente, per cui ci si preoccupava, con questa procedura, di renderle il più uguali possibile.

Nella divisione del campo-šiluhli, si parla anche di mānahātu, su cui ved. CAD M/1,206 (ma anche AHw,601b).

TAVOLETTA B

Par. 2
(KAV 2, Col. II)

15. Se un uomo tra i fratelli non divisi (= che non hanno ancora diviso la loro parte di eredità)
16. vite finisce (= uccide qualcuno)
17. al padrone delle vite (= della persona uccisa) lo daranno,
18. se vuole il padrone delle vite
19. lo ucciderà, e se vuole
20. addiveranno ad un accordo
21. [e] la sua parte (di eredità) prenderà.

Il paragrafo deve essere paragonato al Par. 10 della Tavoletta A, che stabilisce di affidare un assassino alla punizione scelta dal padrone della casa a cui apparteneva la vittima. Anche lì si prevede o la condanna a morte o la perdita dei beni a favore del "padrone". Il Par. 2 di questa tavoletta prevede il caso di un assassino che non abbia ancora diviso le proprietà paterne con i suoi fratelli; se non è messo a morte, paga con la proprietà che gli spetterebbe.

Per "padrone" si deve intendere qui, ovviamente, il "capo famiglia" della vittima, cioè di una persona di condizione libera ma sottomessa alla sua autorità.

----

(68).Solo in via del tutto ipotetica, potremmo pensare a campi coltivati ma che non hanno ancora dato il loro frutto stagionale, in contrapposizione a campi-šiluhli, che potrebbero essere quelli che al momento della spartizione presentavano i loro frutti giunti a maturazione

TAVOLETTA B

Par. 3
(KAV 2, Col. II)

22. Se un uomo tra i fratelli
23. [no]n divisi (= che non hanno ancora diviso la loro parte di eredità) propositi di tradimento(?)
24. [ha de]tto oppure è fuggito
25. [e (= allora)] la sua parte il re
26. [sec]ondo il suo cuore (= ne farà quel che vorrà)

Il crimine è chiaramente rivolto contro lo Stato, perché è lo Stato stesso, cioè il re, ad entrare in possesso della parte di eredità spettante al colpevole. Per *tippilutu* ved. Cardascia, 265-266, nota a. Il significato base reca l'idea di "sudicio", che in connessione con *qbū*, "dire", sembra voler significare l'esprimere propositi impuri, cioè di rinnegamento o di tradimento dello Stato (qualcosa di analogo al *miqit pî* del Par. 2 della tavoletta A), grave quanto la fuga all'estero.

TAVOLETTA B

Par. 4
(KAV 2, Col. II)

27. [Se] fratelli (sono) in un campo non diviso (fra loro),
28. [(e) un fratel]lo tra di loro
29. [ha ...] e semenza ha seminato
30. [... e] il campo ha coltivato,
31. e [un altr]o [fratello] è venuto,
32. [l'orzo del campo colti]vato di suo fratello
33. [per] la seconda volta
34. [ha preso, (ed hanno por]tato prove contro lui
35. [e pro]vato la sua colpevolezza
36. [il giorno in cui costui ve]rrà
37. [il fratello che il campo] ha coltivato
38. [la sua parte (di eredità)] prenderà.

Par. 5
(KAV 2, Col. II)

39. [Se fratelli sono in un campo non] diviso
40. [(e) un fratello tra di] loro
41. [... ha battu]to?
42. [...]

43. [e un altro fratello è venu]to
44. [...]
45. [...]
46. [...]
47. [...]

Il paragrafo, ricostruito (con probabilità) da Driver e Miles, si distingue dai precedenti perché non parla di fratelli che non hanno ancora diviso la loro parte di eredità, ma specifica che posseggono un campo non ancora diviso tra loro: il che può significare, secondo Cardascia, 267, che il redattore della legge non ha voluto considerare la terra incolta, perché non rientra nella natura dell'argomento; il paragrafo tratta infatti del caso di fratelli che coltivano un campo di proprietà comune. Secondo Cardascia, si tratta di un fratello che ha messo al servizio della comunità le sue forze ed il suo lavoro, mentre l'altro non ha dato il suo contributo e sopra il conto si è impadronito dell'intero raccolto (o della parte che gli sarebbe spettata se avesse lavorato). L'interpretazione è senz'altro giusta, con la possibilità però di una variante: è possibile che il fratello che si è impadronito del raccolto non fosse necessariamente un infingardo, ma avesse altri incarichi da svolgere nella comunità famigliare; altrimenti le mancanze sarebbero due (mancato lavoro e sottrazione del raccolto) e non sarebbe chiaro quale dovesse essere il giudizio del giudice nel caso che se ne verificasse una sola.

La frase alla linea II:33 ("[per] la seconda volta") non è per noi certissima; se esatta, significherebbe che la punizione toccava solo ai recidivi.

Il Par. 5 sembra essere, dai pochi elementi rimasti, analogo al precedente, ma non è possibile ricostruirlo. L'integrazione <u>im-ha]-as</u> è suggerita da Driver e Miles, che hanno pensato ad una "rottura" del suolo da parte del fratello all'atto di tracciare solchi nella sua parte di campo (cf. anche Cardascia, 269) (69). Trattandosi di campi indivisi, l'interpretazione ci sembra piuttosto in contrasto. Volendo mantenere l'integrazione, si può pensare invece alla battitura del grano.

TAVOLETTA B

Par. 6
(KAV 2, Col. III)

1. [...] x x(70)
2. per (= contro pagamento di)argento [prende]rà.

----

(69)."[has...... broken (into furrows his portion of) the field", "a tracé des sillons dans sa part de champ".

3. Prima che il ca[mpo e] la casa
4. per (= contro pagamento di) argento [abbia pr]eso
5. (entro) un mese l'araldo tre volte
6. dentro la città di Assur farà gridare
7. e tre volte nella città del campo e della casa
8. che ha preso farà gridare,
9. così: <<Il campo e la casa
10. del tale figlio del tale
11. nel territorio di questa città
12. per (= contro pagamento di) [argento] ho preso>>.
13. Coloro (per) i quali (diritto del) loro possesso
14. e la loro rivendicazione
15. ci sono
16. le loro tavolette esibiscano,
17. davanti agli incaricati (le) mettano,
18. rivendichino, liberino (= dimostrino che i beni sono liberi da
rivendicazioni altrui)
19. (e) prendano.
20. Coloro che entro questo mese,
21. prima che il termine
22. sia compiuto(71) le loro tavolette
23. hanno portato(72)
24. (e) davanti agli incaricati
25. hanno posto
26. l'uomo(73) riguardo all'area del suo campo
27. otterrà (e) prenderà.
28. Quando l'araldo dentro
29. la città di Assur grida
30. uno dei ministri che (sono) davanti al re,
31. lo scriba della città, l'araldo
32. e gli incaricati del re staranno (= si riuniranno).
33. Per la città del campo e della casa
34. (che) ha preso
35. il "sindaco" (e) tre anziani della città staranno (= si riuniranno).
36. L'araldo faranno gridare.
37. Le loro tavolette scriveranno
38. (e) daranno (dicendo)
39. così: <<In questo mese
40. tre volte l'araldo ha gridato.
41. Chi entro questo mese
42. la sua tavoletta non ha portato
43. (e) davanti agli incaricati
44. non (l')ha posta
45. dal campo e (dal)la casa la sua mano si leverà.
46. Per colui che ha fatto gridare
47. l'araldo sono a disposizione>>.
48. (Delle) tre tavolette del grido dell'araldo
49. che i giudici scriveranno
50. una [tavoletta gli incaric]ati
51. [conservino? ...] x
52. [...] x

---

(70).]<u>la-a</u> in AfO 12,50.
(71). Emendazione secondo CAD A/I, 99b.
(72). <u>it-ta-ab-lu-né-en-ni</u> in AfO 12,50.
(73). Cioè "loro" (anacoluto).

(resto perduto)

Nel paragrafo 6 sono elencate le disposizioni per chi acquista un campo o una casa. L'acquirente dovrà far rendere pubblica la notizia del proprio acquisto tramite un araldo, perché chi fosse eventualmente già in possesso del bene od abbia rivendicazioni da avanzare possa essere informato ed aver modo quindi di far valere i propri diritti. L'araldo dovrà leggere tre volte il bando, sia nella città di Assur sia nella città nel cui circondario sono ubicati i beni acquistati.

Eventuali possessori di diritti possono dimostrarli davanti agli "incaricati", funzionari a cui è affidato dall'autorità il compito di sovrintendere a tutte le operazioni di passaggio di proprietà, entro il termine di un mese dal giorno del bando. Trascorso tale termine, la procedura vuole che nella capitale Assur si riuniscano uno dei ministri del re, lo scriba della città, che avrà il compito di redigere i documenti, l'araldo e gli "incaricati", mentre nella città in cui sono ubicati i beni venduti si riuniscono il capo della città e tre anziani, oltre naturalmente allo scriba locale, all'araldo ed agli "incaricati". In seno a questa commissione, l'araldo "griderà" un'altra volta: cioè, sembra, esporrà la situazione quale si sarà presentata al termine del periodo richiesto e del triplice bando. Se non si sarà presentato nessuno a contestarlo, le autorità avranno il compito di suggellare il diritto alla proprietà da parte dell'acquirente.

Il paragrafo termina con alcune disposizioni riguardo alla conservazione di tre documenti che devono essere redatti da questa "commissione".

Ved. per questo articolo anche Cardascia, 271-275.

TAVOLETTA B

Par. 7
(KAV 2, Col. IV)
(principio perduto)

1. quanto [... che]
2. ha la[mentato ...]
3. a ? [...]
4. e il prezzo [della casa ... che]
5. ha rovinat[o ...]
6. due volte sul prezzo della casa [l'argento?]
7. al padrone della casa da[rà ...]
8. per un (= ogni) talento di stagno (di danno) (con) 5 [bastonate]
9. lo batteranno, un m[ese intero]
10. il lavoro del re far[à]

L'articolo, che manca della parte iniziale, tratta evidentemente del danno che può essere causato da terzi ad una abitazione. Sembra di capire che quando una casa era completamente rovinata, il colpevole doveva pagarne due volte il prezzo, ed era inoltre condannato a cinque bastonate per ogni talento di stagno di danno, oltre ad un mese di lavori forzati.

TAVOLETTA B

Par. 8
(KAV 1, Col. IV)

11. Se un uomo il confine grande
12. del suo vicino ha alterato
13. (ed) hanno portato prove contro di lui
14. (e) provato la sua colpevolezza,
15. (del) campo quanto ha alterato
16. tre volte darà,
17. un dito suo taglieranno,
18. (con) 100 bastonate lo batteranno,
19. un mese intero il lavoro del re farà.

Par. 9
(KAV 1, Col. IV)

20. Se un uomo il confine piccolo
21. delle porzioni (di un campo) ha rimosso,
22. (ed) hanno portato prove contro di lui
23. (e) provato la sua colpevolezza,

24. un talento di stagno darà,
25. (del) campo quanto ha alterato
26. tre volte(74) darà, (con) 50 bastonate
27. lo batteranno,
28. un mese intero il lavoro del re farà.

I Par. 8-9 trattano dell'alterazione di confini effettuati per accrescere i propri poderi in danno degli altrui.

La differenza della pena può servire a spiegare la diversità che intercorre tra i crimini considerati. Nel primo paragrafo certamente si prende in esame un'azione più grave: la pena consiste infatti nella cessione di un terreno di proporzione pari a tre volte quella usurpata, più il taglio di un dito, cento bastonate ed un mese di lavoro forzato. Nel secondo caso al taglio del dito viene sostituita una multa di un talento di stagno, e le bastonate sono ridotte a cinquanta.

Secondo il Cardascia, nel primo paragrafo si considera una violazione di confini che, essendo "grandi", sono consacrati alla divinità, ed essendo inoltre più marcati, non possono suscitare il dubbio che il colpevole abbia commesso il fatto involontariamente. Può essere, ma in mancanza di specificazioni più indicative sono possibili anche altre ipotesi.

Il primo caso è chiaro: il colpevole usurpa una porzione di campo di un vicino, attentando dunque ad un complesso di proprietà unico ed estraneo. Nel secondo caso sembra invece che l'alterazione avvenga nell'ambito di una stessa proprietà, divisa in lotti da confini minori. La pena potrebbe essere dunque meno severa perché l'area della proprietà non veniva alterata, ma solo una suddivisione minore. Un caso di questo genere poteva però verificarsi solo quando la proprietà veniva divisa fra vari fratelli, ed uno di essi cercava di aumentare i suoi averi a scapito di uno o di tutti gli altri. Anche questa è però una semplice ipotesi, che la mancanza del termine "vicino" nel Par. 9 non basta a rafforzare, perché anche il termine "fratello" non vi è attestato.

I.M. Diakonoff (Ancient Mesopotamia, Moscow 1969 [1949]),205, pensa invece che il confine "grande" sia quello di un territorio di una comunità di villaggio,e quello "piccolo" quello del terreno di uno dei membri della comunità.

TAVOLETTA B

Par. 10
(KAV 2, Col. IV)

---

(74).3!-ti in AfO 12,50.

29. Se un uomo in un campo non suo un pozzo ha scavato
30. (ed) una fattoria ha fatt[o]
31. dal suo pozzo e dalla [sua] fattoria
32. la sua mano si leverà, (con) 30 bas[tonate]
33. [lo] batteranno,
34. (per) 20 giorni il lavoro del re [farà]
35. Se il pozzo(?) x x x x [...]
36. da/in ? [...]
37. la fattoria [...]
38. giurerà così: << [...]
39. così: <<Se [...]
40. il pozzo no[n ...]
41. e la fa[ttoria non ...]
42. il padrone del cam[po ...]
43. ? [...]
44. da/in [...]
45. il pozzo [...]
46. e [...]
47. [...]

Solo la prima parte del paragrafo è chiara: lavori come scavo di un pozzo o costruzione di un *dunnu* (fattoria, costruzione fortificata) in un campo altrui comportano la perdita del bene creato, più trenta bastonate e venti giorni di lavori forzati. Nella seconda parte del paragrafo (cf. Cardascia, 280), erano forse previste attenuanti o giustificazioni da parte del colpevole, che per discolparsi può fare un giuramento.

I segni all'inizio delle linee IV:35-36, con la lettura *sum-ma-hu* sono chiari, ma il senso è incomprensibile. Il termine *summahu* sembra legato ad un senso di "mischiare, mescolare", mentre il successivo potrebbe essere integrato *ú-ga-a-r[i* (da *ugaru*, "territorio" ?); in tal caso c'è un riferimento a chi ha "mischiato, scambiato" il territorio? Forse è preferibile l'emendazione di Postgate, BSOAS 34/2, 389 (*šúm-ma* PÚ!) anche se il segno normale per *šumma* nelle leggi è ŠUM, non ŠÚM. Per la l. IV:36 cf. AHw, 630a ("unkl.").

TAVOLETTA B

Par. 11
(KAV 2, Col. V)

1. x [...]
2. e [...]
3. il credi[tore ...]
4. per f[are? ...]
5. oppure [...]
6. il creditore [...]
7. le tavolette [...]

8. le attrezzature [...]
9. per fare [...]
10. il campo [...]
11. al creditore [...]
12. da[rà ...]

Il paragrafo è troppo rovinato perché si possa ricostruirlo. Possiamo solo stabilire che l'argomento dovrebbe essere analogo a quello dei paragrafi precedenti e seguenti (usurpazione di terreno altrui), e che sono in gioco un creditore (IV:3,6,11), un terreno (IV:10) e probabilmente un lavoratore [della terra] (cf. IV:4,8,9). È possibile dunque che si tratti di usurpazione degli strumenti agricoli da parte di un agricoltore assoldato per lavorare il campo. Il proprietario è in questo caso chiamato "creditore" perché ha "prestato" i suoi strumenti all'agricoltore; cf. i contratti in cui si commissiona un lavoro, in cui l'artigiano che deve lavorare delle materie prime figura "debitore" nei riguardi di chi gliele ha date, fintantoché non gliele riconsegna lavorate.

TAVOLETTA B

Par. 12
(KAV 2, Col. V)

13. Se un uomo nel campo del [suo vicino]
14. un frutteto ha messo (=piantato) (o) un pozzo [ha scavato]
15. (o) piante ha fatto cresce[re]
16. (e) il padrone del campo vede (ma) non [va (= interviene)]
17. il frutteto per chi (lo) ha messo è a di[sposizione]
18. Campo al posto del campo al padrone del frutteto (= al padrone del campo in cui aveva piantato il frutteto) da[rà]

Par. 13
(KAV 2, Col. V)

19. Se un uomo in un terreno non su[o]
20. o un frutteto ha messo (=piantato) o un pozzo ha scavato
21. o ortaggi o piante ha fatto crescere,
22. hanno portato prove contro lui
23. (ed) hanno dimostrato la sua colpevolezza,
24. quando il padrone del campo sarà andato (= intervenuto)
25. il frutteto con le sue attrezzature (per l'irrigazione) prenderà

I due paragrafi sono legati; essi trattano di lavori agricoli eseguiti da un agricoltore che non è proprietario del campo. Tali lavori sono evidentemente abusivi, se è prevista (Par. 13) la perdita di piante e frutti a favore del proprietario del campo. Nel Par. 12 è previsto però che se il padrone, pur essendo a conoscenza di tali lavori, non è intervenuto a tempo debito, e si è comportato quindi come se fosse consenziente, l'agricoltore ha il diritto di godere dei frutti del suo lavoro; per non privare però il proprietario del campo del suo legittimo possesso, gli deve dare un altro campo di pari valore (su cui ovviamente non ha precedentemente eseguito alcun lavoro).

TAVOLETTA B

Par. 14
(KAV 1, Col. V)

26. Se un uomo in un terreno non suo
27. lo ha tenuto, mattone ha fatto
28. hanno portato prove contro di lui
29. (e) dimostrato la sua colpevolezza,
30. il terreno 3 volte darà,
31. i suoi mattoni prenderanno,
32. (con) 50(?) bastonate lo batteranno,
33. [1 mese inter]o il lavoro del re farà.

Par. 15.
(KAV 1, Col. V)

34. [Se un uomo in] un terreno non suo
35. [... matto]ne ha fatto,
36. [i suoi mattoni pr]enderanno,
37. [con x bastonate] lo [batte]ranno,
38. [... il lavoro del re] far[à].

I due paragrafi trattano del furto di argilla in un terreno altrui. Nel primo sono comminate pene più severe, certamente legate al fatto che il colpevole si è appropriato del campo non suo: egli dunque deve restituirne tre volte tanto, cedere i mattoni fatti con l'argilla rubata, e subire la punizione di 50(?) bastonate più un mese di lavori forzati.

Nel secondo paragrafo sembra che il colpevole abbia solo sottratto l'argilla (per cui il Cardascia, 286, propone di integrare con il verbo <u>erēbu</u>, "entrare", l'inizio della linea V:35); le pene sono dunque meno severe: la cessione dei mattoni, più un certo numero di bastonate e di giorni di lavoro forzato.

TAVOLETTA B

Par. 16
(KAV 2, Col. V-VI)

[...]
[...]

(resto perduto)

(Col. VI)

1. [...] non x [...]

Par. 17
(KAV 2, Col. VI)

2. [Se in un territori]o nei [pozzi]
3. [acque che] (l.5) siano abbastanza
4. per impiegar(le) (l.3) nell'irrigazione
5. ci sono,
6. [(e) i padron]i dei campi insieme
7. [st]aranno, (ogni) uomo secondo l'area del suo campo
8. il lavoro farà,
9. il suo campo irrigherà.
10. E se tra loro
11. c'è chi non è d'accordo,
12. chi tra di loro è d'accordo
13. i giudici interrogherà,
14. la tavoletta dei giudici prenderà,
15. e il lavoro farà;
16. queste acque
17. per sé prenderà.
18. Il suo campo irrigherà.
19. Chiunque altro
20. non irrigherà.

Par. 18
(KAV 2, Col. VI-VI)

21. Se acque del dio Adad (= acque piovane)
22. nell'irrigazione
23. che siano abbastanza per impiegar(le)
24. ci sono, i padroni dei campi
25. insieme staranno,
26. (ogni) uomo secondo l'area del suo campo
27. il lavoro farà,
28. il suo campo irrigherà.
29. E se tra loro
30. c'è chi non è d'accordo,
31. e (= allora) chi tra di loro è d'accordo
32. la tavoletta dei giudici
33. nei riguardi di chi non è d'accordo
34. prenderà.
35. [Il "sindaco"] e 5 anziani

36. [della cittì staranno]
(resto perduto)

(Col. VII)

(principio perduto)
1. [...]
2. [(con) x bastonate] lo [batteran]no
3. [per x giorni il lavoro del re] farà.

I due paragrafi 17 e 18 trattano dell'utilizzazione delle acque per irrigare i fondi. Ciascun proprietario è tenuto ad eseguire i lavori necessari (canalizzazione, dighe ecc.) secondo le proporzioni del suo campo. Chi si rifiuta, perde il diritto di utilizzazione delle acque; viceversa chi esegue il lavoro ne ha l'esclusiva, sancita dal permesso di una "commissione".

I due paragrafi sembrano identici, tranne che per il fatto che nel primo si tratta di acque del sottosuolo, mentre nel secondo si tratta di acque piovane. La ripetizione nel secondo paragrafo di tutta la terminologia del primo, ed il suo proseguimento (ora rovinato) provano però che doveva esserci una distinzione tra i due casi. Quale fosse non è dato capire, perché le ultime righe, che parlano di una punizione con bastonate e lavori forzati, non sono attribuibili con certezza al paragrafo 18. Sembra comunque che nel secondo caso fosse previsto un seguito, perché la "commissione" dei giudici, cioè il ["sindaco"] e cinque anziani, non si limitano a sancire il diritto dell'agricoltore che ha eseguito i lavori, ma pare intervengano ulteriormente (forse a comminare pene). Può darsi che ciò dipendesse dal fatto che una mancata mano d'opera in caso di acqua piovana ne causasse una perdita parziale, in danno a tutta la comunità.

Ved. per questi paragrafi anche Cardascia, 289-290.

TAVOLETTA B

Par. 19
(KAV 2, Col. VII)

4. [Se un uomo il campo] del suo vicino
5. [... s]emina
6. [...]x x lo ha preso
7. [...] sulla vita del re
8. gli [ha giu]rato, ha seminato
9. [... quan]do sarà andato da lui
10. [colui che ha se]minato il campo
11. [al tempo della m]ietitura
12. [mie]terà, batterà (l'orzo),
13. [l'orzo(?)] nel granaio raccoglierà,

14. [e la paglia(?)] nel magazzino metterà,
15. [secondo la re]ndita del campo della città
16. [2 qu]ote(?)
17. [al padrone] del campo darà.

Il Par. 19 presenta delle lacune in punti importanti, ed è stato quindi oggetto di integrazioni ed interpretazioni diverse. Seguiamo qui la ricostruzione di Landsberger, JNES 8,291, con qualche variante di importanza non primaria, a parte la lettura ŠAT di-iš-še, che leggiamo invece kur-di-iš-še seguendo AHw, 510 a e CAD K, 557b.

Dal testo leggibile si può capire:

1. Un tale semina in un campo non suo.
2. Qualcuno "prende" qualcosa.
3. Qualcuno fa un giuramento.
4. Un altro poi interviene
5. Al momento della mietitura deve fare tutti i lavori necessari (mietere, battere il grano, raccogliere nei magazzini orzo e paglia) (75).
6. Deve poi dare al proprietario del campo, attenendosi alla resa data dai campi di proprietà statale, due parti del raccolto.

L'ultima parte è chiara: sembra trattarsi di una specie di mezzadrìa, secondo la quale il proprietario del campo guadagna due parti, misurate però secondo la resa data da un campo pubblico; c'è poi un contadino che deve eseguire tutti i lavori, e dare di suo anche l'orzo per la semina. Se però egli deve dare due parti del prodotto commisurato secondo la rendita-tipo del suolo pubblico, sembra di capire che la sua parte potrebbe essere minore o maggiore, e variare in relazione al lavoro impiegato, o alla resa specifica del campo coltivato.

Più difficile è la prima parte; il contadino che ha seminato il campo altrui commette un'infrazione, e si presume quindi che debba essere punita; ad esempio il Par. 13 di questa tavoletta stabilisce che il proprietario del campo ha diritto d'appropriarsi di tutti i frutti prodotti da un frutteto piantato e coltivato nel suo campo da un'altra persona. L'affinità dell'argomento, ed il fatto che anche in questo paragrafo, come in quello sopracitato, si parli di un proprietario che al momento della raccolta del prodotto interviene, ci fanno pensare che ci troviamo qui di fronte ad una variante del Par. 13, dovuta probabilmente al fatto che le coltivazioni esaminate sono diverse. Se per un frutteto il proprietario che interveniva poteva godere di tutti i frutti, per l'orzo poteva trovare conveniente accontentarsi di due terzi del prodotto con il vantaggio di non

---

(75).La nostra ricostruzione [IN.NU] (= tibnu, "paglia"), è dovuta al fatto che nel contesto sono nominati due tipi di magazzini (bīt hašīme e kurdiššu) evidentemente per il magazzinaggio di due prodotti diversi, di cui uno non può essere che l'orzo; poichè l'operazione viene descritta dopo i due verbi "mietere" e "battere", ci sembra che il secondo prodotto immagazzinato sia la paglia; si noti inoltre che nelle due attestazioni di kurdiššu oltre a questa (ABL 871: r.3, nA; Billa 23:12, mA) il termine è sempre collegato con tibnu; ved. inoltre la relazione in LTBA 2 2:194 sg. con rahīsu ("Strohtenne" AHw, 943b)

doversi sobbarcare fatica e spese per la mietitura, la battitura del grano, ed il deposito di grano e paglia nei silos e nei pagliai.

Questo, crediamo, è il senso generale. Restano da spiegare le linee VII:6-7; il verbo alla linea VII:6 è kalû, che abbiamo visto poco sopra, al Par. 14, nel significato di "tenere", e quindi sfruttare un campo (non proprio) per trarne argilla (cf. anche alla forma N, con il significato di "trattenersi" al Par. 36 della tavoletta A, IV:105). Il soggetto del verbo è scomparso; il Par. 14 potrebbe suggerire che è il contadino abusivo stesso, che prende un campo per sfruttarlo (questa volta per coltivarlo ad orzo), ed in tal caso potremmo integrare [... lu-ú] alla linea VII:5 e [... ù l]u-ú alla linea VII:6. Ma preferiremmo intendere come soggetto il proprietario del campo (76). Costui infatti può agire in tre modi diversi: o impedisce il proseguimento dei lavori, o interviene al momento del raccolto (e se ne appropria eseguendo però i lavori necessari), oppure agisce come suggerisce questo paragrafo delle leggi. All'inizio della linea VII:6 potrebbe esserci stato dunque un [šum-ma tap-p]a-i-ú, con il verbo kalû nel significato di "tenere/ trattenere": "se il vicino lo trattiene" (che sottintende la possibilità di cacciarlo e privarlo del lavoro eseguito e della semente seminata). Il proprietario può quindi o cacciare il coltivatore abusivo oppure trattenerlo ad una condizione favorevole per entrambi; in tal caso si addiviene ad un patto, e sarà necessario giurare che sarà mantenuto; dal testo si può capire che uno farà un giuramento all'altro, ma chi giura? Il proprietario, per assicurare che non si avvarrà dei poteri assicurati dalla legge, ed al momento della mietitura non caccerà il coltivatore, od il coltivatore stesso (come è più logico pensare, data la sua situazione di colpevolezza) per assicurare che eseguirà tutti i lavori prescritti?

Pur con questo interrogativo, possiamo sintetizzare il paragrafo come segue: se un uomo semina un campo non suo, il proprietario può scacciarlo, oppure trattenerlo a queste condizioni, sancite da un giuramento: il coltivatore abusivo al tempo della mietitura deve fare tutti i lavori necessari, compreso il magazzinaggio di orzo e paglia; il proprietario prenderà due parti del prodotto, misurate secondo il raccolto-tipo del terreno pubblico.

La posizione del Cardascia, 290-293, è un po' diversa: scartata l'ipotesi del Landberger, che pensava all'intervento di un pubblico ufficiale nella questione, egli pensa che la legge permetta al coltivatore abusivo di coltivare il campo, sempre che si attenga con giuramento alle disposizioni formulate nel paragrafo, anche se il proprietario si oppone; di conseguenza "de toute façon le texte prouve qu'en Assyrie la proprieté est loin de posséder le caractère absolu d'un dominium".

TAVOLETTA B

Par. 20

---

(76). In tal caso è valida l'integrazione suggerita dal Cardascia, 290 e 292 ([ù tap-p]a-i-ú).

(KAV 2, Col. VII)

18. [Se] un uomo in un campo non suo
19. [...] x ha intaccato?
20. [un con]fine ha recinto
21. [una pietra confina]ria ha posto
22. [(e) <<Il campo ...] >> ha detto,
23. [(ed) hanno portato pro]ve contro di lui
24. [(e) provato la colpevolezza] sua
25. [...]

(resto perduto)

Il paragrafo è troppo rovinato perché si possa capirlo completamente. Certamente si tratta di una appropriazione di terreno da parte di uno che ha intaccato(?) (la proprietà altrui?), recintando con confini abusivi, rizzando pietre di confine, e dichiarando qualcosa (evidentemente qualcosa di falso, riguardante il possesso del terreno usurpato).

La lontananza dal Par. 8-9 ha fatto pensare (Driver-Miles), che il colpevole non sia in questo caso un preteso proprietario, ma un preteso creditore che vuole prendere un campo in pegno; ma si tratta solo di una ipotesi. Il paragrafo precedente parla di lavoro in campo altrui. È possibile quindi che qui si tratti del caso di un lavoratore che ha lavorato con il consenso del proprietario un campo altrui e che poi se ne sia appropriato.

Purtroppo non ci è chiaro il vero significato di *itruh* della linea VII:18. Il Cardascia, 293, pensa ad *arāhu* ("divorare, mordere" e quindi "usurpare"); non escluderemmo tuttavia una forma di un altro *arāhu* (cf. CAD A/II, 222*b*, s.v. *arāhu* C, "attaccare", e quindi forse "intaccare").

TAVOLETTA C + G

TAVOLETTA C

Copia: KAV 6 (O. Schroeder)
Numero di scavo: Assur 4428
Numero di Museo (Berlino): VAT 10093

TAVOLETTA G

Copia: KAV 143 (O. Schroeder)
Numero di scavo: Assur 4463g
Numero di Museo: (Berlino): VAT 10266

Copia delle linee comuni: AfO 12, Tav. 3, 1
misure: mm 165x80

TAVOLETTA C + G

Par. 1
(KAV 6 RECTO)

(principio perduto)
1. [...] il loro padrone [...]
2. [...]x e se colui che ha preso [...]
3. [...]x che io ho liberato x [...]
4. [uno schiavo per x tale]nti di stagno (e) una schiava per 4 talenti di stagno [...]
5. [...] e se chi ha ricevuto dice così: [<< ...]
6. [... >>, dav]anti al dio giurerà e quanto in/da? [...]
7. [...]x prenderà

La ricostruzione di questo articolo molto rovinato, che troviamo in Cardascia, 296 è la più verisimile. Anche in considerazione del fatto che i paragrafi successivi trattano dei pegni ceduti dal debitore al creditore, è probabile che anche qui sia considerato questo argomento. Vi troviamo degli schiavi, il loro padrone, ed infine un lage'ānu ed un māhirānu (che da KAV 1,I, 40 sgg. può significare chi ha preso da altri dei beni di proprietà di terzi). Sembra dunque che l'articolo voglia trattare del caso in cui vengono dati in pegno ad un creditore uno o più schiavi/e, e che costui li alieni prima che diventino legittimamente suoi (ad esempio se il contratto lo prevedeva in caso di mancato pagamento entro una data precisa). Se il debitore arriva in tempo a riscattarli, il creditore che non può più consegnargli gli schiavi deve ricompensarlo con quattro talenti di stagno per ogni schiava, e x (ma certo più di quattro) talenti di stagno per ogni schiavo. Probabilmente era prevista anche una pena, a meno che il prezzo pagato non fosse veramente eccessivo se confrontato al normale prezzo di uno schiavo. Il māhirānu, cioè colui a cui il creditore ha venduto il pegno anzitempo, non è perseguibile dalla legge, purché giuri di essere stato in buona fede, ed ha diritto di tenersi gli schiavi comprati.

TAVOLETTA C + G

Par. 2
(KAV 6 RECTO)

8'.[Se un uomo, o il figlio di un uomo] o la figlia di un uomo, che per argento o come [pegno]
9'.[nella sua casa dim]oravano per argento ad un altro uomo [ha dato]
10'.[o chiunque altr]o che nella sua casa dimorava ha da[to]
11'.[(ed) hanno portato prove contro di lui] dal suo argento la sua mano si leve[rà]
12'.[...] il suo ... al proprietario di qualunque cosa (venduta) dar[à],
13'.[con x bastonate] lo [b]atteranno, (per) 20 giorni il lavoro del re farà.

Par. 3
(KAV 6 RECTO)

14'.[Se un uomo, o il figlio di un uomo] o la figlia di un uomo che per argento o come pegno
15'.[nella sua casa dimoravano] in un altro paese per argento ha dato
16'.[(ed) hanno portato prove contro di lui (e) provato la] sua [colpevo]lezza, dal suo argento la sua mano si leverà
17'.[... il suo ... al padr]one di qualunque cosa (venduta) darà,
18'.[con x bastonate] lo [b]atteranno, (per) 40 giorni il lavoro del re farà.
19'.[Se l'uomo che ha dat]o nell'altro paese muore
20'.[vite (= vita per vita) ricompen]serà. L'"assiro" e l'"assira"
21'.[che per il prezzo comple]to sono stati presi ad un altro paese [da]rà (= può vendere).

Par. 4
(KAV 6 RECTO)

22'.[Se un uomo o un bue(77) o] un asino o un cavallo o qualunque a[nimale] non [suo]
23'.[che come pegno nella] sua casa dimorava per argento ha da[to],
24'.[... un (altro) animale d]arà, l'argento non restituirà. Se un an[imale non ha dato]

---

(77).Cf. Par. 5.

25'.[dal suo argento] la [su]a [mano] si leverà. Il padrone di qualunque cosa (venduta), il cui [animale]

26'.[nella casa dell'uomo di]morava, il suo animale prenderà, chi ha r[icevuto]

27'.[l'anima]le il suo argento da chi (glie)lo aveva dat[o ... (= prenderà/ riceverà)]

I tre paragrafi trattano dell'alienazione di beni non propri. Perquanto chiari nella sostanza, essi presentano però qualche difficile problema.

Il primo problema riguarda l'espressione kī kaspi "per argento" delle linee I:8 e I:14 rispettivamente del Par. 2 e del Par. 3, che trattano dell'alienazione di persone (nel Par. 4, che tratta dell'alienazione di animali, manca). L'espressione ci pare abbia un significato diverso dal kī šaparti successivo (leggibile al Par. 3, ricostruito al Par. 2). Evidentemente non significa che la persona era in casa perché acquistata, sia perché la vendita di persone (almeno di quelle che non erano famigliari del venditore) libere era proibita, (lo si evince da questo stesso paragrafo) (78), sia perché in tal caso non si ravviserebbe reato. "Per argento, contro argento" può significare dunque secondo Cardascia, 292, che il famigliare era stato dato dal capo famiglia a scopo di guadagno, per avere cioè del denaro in cambio delle sue prestazioni.

Come alternativa a questa ipotesi possiamo però considerare anche il caso che risulta dal Par. 39 della Tavoletta A: vi si tratta l'eventualità che un creditore abbia passato a terzi una ragazza tenuta in pegno, e che il suo nuovo momentaneo padrone l'abbia fatta sposare. Quest'ultimo è tenuto a ripagare l'uomo che teneva la ragazza in pegno, anche a costo di sacrificare la propria libertà se non ha denaro sufficiente; può comunque evitare la pena se è il marito della ragazza a pagare, oppure se aveva precedentemente acquisito dei diritti sulla donna, avendola mantenuta in un periodo di particolari ristrettezze. La panoramica dei vari passaggi della ragazza-pegno descritta nel Par. 39 della Tavoletta A permette dunque di capire che una persona poteva tenere presso di sé un'altra non soltanto a titolo di pegno, ma anche perché un altro che l'aveva in pegno gliel'ha "passata" perché la mantenesse, dietro pagamento di una certa cifra. Può essere dunque anche questo il caso di chi tiene presso di sé una persona kī kaspi. Ed anzi la mancanza dell'espressione al Par. 4 lo fa preferire.

Altri due problemi investono il significato stesso dei paragrafi 2-3: non è ben chiaro infatti quali sia la procedura che veniva seguita per punire il colpevole, a parte le bastonate ed il lavoro forzato. In particolare non si sa cosa possa veramente significare qāssu elli ("la sua mano leverà" dall'argento: restituzione o multa?) ed a chi si riferisca il termine bēl mimmû ("padrone di qualunque cosa": il proprietario dell'oggetto dato in pegno, e cioè il debitore

---

(78).Sulla vendita di famigliari ved. CH Par. 117 (Se un uomo per un debito vende moglie, figli, figlie, e li dà in pegno, costoro dopo tre anni di servitù siano liberati).

del colpevole, o l'acquirente del pegno illecitamente alienato?).

Ci pare che l'unica soluzione, ammesso che a una soluzione si possa arrivare, ci possa essere data dal Par. 4, il cui significato è abbastanza chiaro; non possiamo quindi esimerci dall'applicare anche ai due paragrafi precedenti i significati che si evincono da questo paragrafo per le due espressioni citate.

Il paragrafo 4 parla di vendita (illecita) di animali tenuti in pegno da un creditore. Nel caso che costui venda l'animale, è tenuto a rifondere il legittimo proprietario (cioè il suo debitore) con un animale di pari valore. Se non lo fa, "dal suo argento la sua mano leverà", ed il bēl mimmū (che, si specifica, è il debitore proprietario dell'animale dato in pegno) si riprenderà la bestia, mentre il compratore che deve restituirla si riprenderà la somma spesa da chi gliela aveva illecitamente venduta. Da questo paragrafo appare chiaro almeno un fatto: il bēl mimmū è l'originario debitore che aveva dato l'animale in pegno; sembra quindi piuttosto illogico e bizzarro che nei due paragrafi precedenti, che trattano della stessa situazione con la variante che il pegno è costituito di persone, il termine voglia indicare il compratore del bene inalienabile.

Più problematica è l'espressione "la sua mano si alzerà/leverà" dall'argento". Al di fuori di questi tre paragrafi, l'espressione compare anche nel Par. 10 della Tavoletta B, dove viene detto che chi costruisce abusivamente in un campo non suo, deve rinunciare al possesso delle costruzioni abusive che ha eseguito, e nel Par. 4 della stessa tavoletta, ove si dichiara che perde ogni diritto su campi e case che stanno per essere venduti colui che non presenta la sua rivendicazione entro un mese dal bando pubblico.

Anche alla luce di questi paralleli ci sembra che la ricostruzione della conseguenza alternativa del Par. 4 sia la seguente: la mano del creditore/venditore abusivo "si leva dall'argento" illecitamente guadagnato: cioè egli deve restituire la somma al compratore, il quale a sua volta deve restituire l'animale al legittimo proprietario. Quale è dunque la pena per il colpevole? In tal modo nessuna, è vero, ma non dimentichiamo che anche nella prima conseguenza alternativa egli non aveva alcuna pena, perché doveva limitarsi a rifondere il legittimo proprietario con un animale di pari valore. La legge dunque si limitava ad impedire che si facesse danno, e di conseguenza avallava ogni possibile traffico di animali, purché i proprietari non ne risultassero danneggiati.

Rimane un dubbio: se l'animale ritornava al legittimo proprietario, che ne era di tutta la questione riguardante il debito, per cui l'animale era stato dato in pegno, e costituiva garanzia per la restituzione? Non dobbiamo dimenticare infatti che il legittimo proprietario era anche il debitore nei riguardi del creditore-colpevole. Riavuto il suo pegno, non avrebbe più avuto ragione di pagare il suo debito; viene dunque il dubbio che l'espressione "levare la mano dall'argento" possa significare "perdere il diritto alla restituzione del proprio credito". Può essere, e siamo aperti a questa ipotesi, ma il fatto che nel suo aut aut la legge preveda come prima ipotesi una soluzione senza danno per il colpevole, ci induce a preferire una soluzione analoga anche per la seconda ipotesi. Viene da sé dunque che il problema del debito e del pegno non esisteva al tempo della contestazione: essa avveniva infatti quando il legittimo proprietario dell'animale andava dal creditore a pagare il suo debito, ed avendolo pagato pretendeva la restituzione del suo bene ceduto in pegno; solo allora, quando cioè non lo trovava, nasceva la disputa; ma il problema del debito a quel punto era già risolto, perché la somma dovuta era già stata pagata.

Ci sembra questa l'analisi più giusta, e considereremo dunque alla sua luce i paragrafi precedenti. Come abbiamo detto, essi trattano della vendita illecita di persone tenute in casa, o dietro incarico di mantenerle, o come pegno. Nel Par. 2 viene detto che il venditore deve "levare la sua mano dall'argento"; segue una frase da cui si comprende che qualcuno deve dare qualcosa al bēl mimmū; viene infine stabilito che per il colpevole c'è la punizione delle bastonate e 20 giorni di lavoro forzato. Prima di tentare una qualsiasi analisi bisogna tenere presente questi tre dati:

1. Il bēl mimmū è l'originario debitore, cioè il legittimo proprietario del bene dato in pegno (cf. Par. 4);
2. "levare la mano" nel Par. 4 significa restituire al compratore il denaro guadagnato con l'illecita vendita, perché si deve consegnare il bene comperato al legittimo proprietario;
3. Nella variante della casistica, che troviamo al Par. 3, si vede che se la persona venduta è stata data ad un compratore di un paese straniero, e quivi muore, il venditore deve pagare "vita per vita", evidentemente al legittimo "proprietario" (padre o marito). Questo particolare sarebbe assolutamente inutile se il venditore abusivo dovesse semplicemente ripagare il "proprietario" con una somma equivalente al valore del parente venduto; se così fosse, la sorte della persona venduta non avrebbe più potuto e dovuto interessare il "proprietario". È chiaro invece che ripagare "vita per vita" significa rimediare con il taglione ad una perdita causata in una famiglia (cf. Tav. A: Par. 50 e 52; anche Tav. B: Par. 2); il "proprietario" capo famiglia rientrava dunque in "possesso" del parente dato in pegno, così come nella seconda alternativa del Par. 4 l'animale ritornava al legittimo padrone.

In sintesi, sembra dunque che il Par. 2 debba essere interpretato in questo modo: quando una persona vendeva a terzi un'altra che teneva a casa sua o in qualità di pegno o perché gli era stata passata perché la mantenesse dietro pagamento, era battuto con un certo numero di bastonate, doveva fare 20 giorni di lavori forzati, e restituire il denaro al compratore (il quale doveva a sua volta restituire la persona comprata al legittimo "proprietario").

Si inserisce a questo punto (e solo a questo punto ci sembra giusto trattarlo) il problema della linea I:12 (e conseguentemente della linea I:17) dove troviamo scritto]-HAR-šu ana bēl mimmū iddan. Poiché il primo segno dopo la lacuna può essere letto con valori diversi hur, har, hir, mur, kin), non è facile ricostruire la parola. La ricostruzione proposta, accettata anche dal Cardascia, 296, è mel-hir-šu: "il suo equivalente, di pari valore". Il venditore dunque, oltre alle punizioni corporali, dovrebbe dare (sempre se vogliamo restare in linea con la nostra interpretazione del paragrafo) una somma corrispondente al valore della persona venduta; e dovrebbe darla al bēl mimmū, cioè al "proprietario" capo famiglia. Questa clausola però non ci pare molto verisimile: la legge (cf. Par. 4!) si preoccupava che le cose tornassero al loro giusto posto; quando si trattava di animali non puniva il venditore, quando si trattava di persone gli comminava una forte pena corporale. Non c'è ragione quindi che egli dovesse rifondere il "proprietario" capo famiglia: costui rientrava in possesso del proprio famigliare, e tanto doveva bastargli. Poiché invece manca la frase che chiarifichi la restituzione della persona da parte del compratore, vorremmo proporre alla linea I:12 (e conseguentemente alla linea I:[17]) la ricostruzione ma]-hir-šu, da māhiru con il significato di "Empfanger" (AHw.584a), con la traduzione I:11. ... dal suo argento la sua mano leverà (= restituirà la somma guadagnata con la vendita illecita)

12.[e (qui un termine che indichi la persona illecitamente venduta, all'Accusativo], il suo [ri]cevitore (cioè il compratore, che aveva ricevuto la persona dal venditore) al padrone di qualunque cosa (cioè al capo famiglia, legittimo "proprietario") darà". Si tratta dunque, secondo noi, della frase che sancisce la restituzione della persona dal compratore al capo famiglia, che altrimenti mancherebbe, e che corrisponde a quella che troviamo al Par. 4: "il bēl mimmû, il cui [animale nella casa dell'uomo di]morava, il suo animale prenderà" (79).

---

(79). Diversa è l'interpretazione del Cardascia che, abbiamo detto, accetta l'integrazione me]hiršu, "l'equivalente"; ed accettando questa ricostruzione, di conseguenza pensa che il bēl mimmû dei Par. 2-3 sia il compratore, non l'originario proprietario come nel Par. 4. Sarebbe strano infatti che il capo famiglia, oltre ad avere restituito il famigliare, fosse gratificato di una somma equivalente al suo valore. Questa somma è data invece al compratore-bēl mimmû, che deve essere ripagato in quanto deve restituire la persona (per inciso, l'espressione "somma equivalente" non coincide con il concetto espresso al Par. 4, dove si parla del denaro pagato per l'animale, non della "somma equivalente al valore", che potrebbe in teoria essere anche diversa). Infine per Cardascia, 299, l'espressione "levare la mano dall'argento" o introduce il concetto di restituzione del denaro (come abbiamo pensato anche noi) o significa che il colpevole perde la somma di cui era creditore (se il bene che "dimorava" presso di lui era un pegno) o la somma che aveva versato (se la persona che aveva in casa era stata assunta per fornire dei servizi).

TAVOLETTA C+G

Par. 5
(KAV 6 RECTO+KAV 143:1'= AfO 12, Tav. 3,1:28-32)

28'.[Se un uomo da] un pascolo o un bue o un asino o un cav[allo]
29'.[o ... ha ruba]to (e) per un prezzo giusto ad un uo[mo ha dato]
30'.[e colui che ha pre]so (= l'acquirente) non (lo) sapeva (ed) il prezzo [giusto]
31'.[ha dat]o, la refurtiva, quanto [...](80)
32'.+KAV 143:1'. [colui che (l')aveva da]ta ri[sarcirà]

Per la ricostruzione di questo paragrafo abbiamo seguito David, Symbolae Koschaker, 123, con qualche variante alle ll.28, 30 e specialmente alla l. 31. La nostra interpretazione si rifà al paragrafo precedente, dove come prima alternativa per il caso di vendita illecita di animali si stabilisce che la vendita rimane valida, ed il proprietario deve essere risarcito con un altro animale dal venditore abusivo. Qui il caso è lo stesso, con la differenza che l'animale proviene da un furto. Anche se la colpa del venditore è aggravata da un'altra colpa precedente (la cui punizione non è qui contemplata ma per cui si prenderanno in considerazione altri paragrafi, es. il paragrafo 8) la posizione del proprietario e dell'acquirente rimangono invariate rispetto al caso precedente; e dunque anche qui deve essere espresso lo stesso concetto.

---

(80).Possibile l'integrazione di David <u>e-[li-(a)-an-ni</u>]; deve comunque trattarsi di un verbo con il significato di "rubare, sottrarre".

TAVOLETTA C+G

Par. 6
(KAV 6 RECTO + KAV 143:2'-12'= AfO 12, Tav. 3,1:33-39)

33'.+KAV 143:2'. [...] x x o un animale o [... (=altra merce)]
34'.+KAV 143:3'. [...] e testimon[i ...]
35'.+KAV 143:4'. [... il pa]drone di tutto questo x x [...]
36'.+KAV 143:5'. [... è stato po]sto ha trovato e l'uomo [x] x x [...]
37'.+KAV 143:6'. [... il pa]drone di tutto tutto il suo [non?] pre[nderà ...]
38'.+KAV 143:7'. [... da]l datore/venditore prenderà [...]
39'.=KAV 143:8'. [...] che ha preso e nella [cu]i mano [...]
40'.=KAV 143:9'. [...] dall'uomo che gl[ie](l')aveva dato/venduto [...]
41'.=KAV 143:10'.[... il d]atore/venditore è scomparso tutto il suo x [...]
42'.=KAV 143:11'.[...] che hanno visto porteranno pro[ve ...]
43'.=KAV 143:12'.[...] x [...]

(resto perduto)

Il Par. 6 di C+G è molto difficile da comprendere. La presenza del verbo halāqu alla linea 41', il contesto in cui si trova (alienazione abusiva di beni), il poco che si comprende da quanto è rimasto, portano a considerarlo molto vicino al Par. 9 del Codice di Hammurapi; vi è prescritto che se un uomo smarrisce qualcosa, e questo bene viene trovato nelle mani di un altro che asserisce di averlo acquistato, posto che ambedue abbiano ragione e lo dimostrino con prove e testimoni, viene condannato a morte il venditore abusivo; il legittimo proprietario rientra in possesso del suo bene, mentre l'acquirente (in buona fede) si riprende l'argento dal patrimonio del colpevole.

Ricostruire il paragrafo alla luce del Codice di Hammurapi è abbastanza agevole fino alla linea 37'; poi diventa più complicato. Alla l.37' sembra esserci il concetto del riprendersi il proprio bene da parte del legittimo proprietario; alla l.38' sembra che qualcuno prenda qualcosa dal venditore abusivo, e può essere dunque l'acquirente che si riprende l'argento; è alle ll.39' e 40' però che è chiaramente esposto il concetto dell'acquirente che si riprende l'argento. Qualcosa dunque non va alle ll.37' e 38'.

Il David, Symbolae Koschaker, 127 sg. (seguito da Cardascia, 305 sg.), pur rifacendosi al Codice di Hammurapi, ne varia le clausole. Nella sua ricostruzione inserisce infatti una negazione alla l.37'; secondo questa ricostruzione, il legittimo proprietario del bene perduto non può riprendersi il bene dall'acquirente, ma da colui che l'aveva trovato e venduto, ed a cui l'acquirente deve ridarlo, previa restituzione del suo denaro; i testimoni (ultime linee rimaste) interverranno se l'uomo che aveva trovato il bene dichiara che non sapeva che fosse un bene perduto.

La ricostruzione non ci soddisfa pienamente, soprattutto per l'artificiosità della prassi della restituzione del bene (si veda il Par. 4, ipotesi seconda, di C+G, dove il legittimo proprietario prende direttamente il proprio bene dall'acquirente in buona fede). Manca poi, sembra, la condanna per il venditore abusivo, chiaramente espressa in Hammurapi.

Non siamo ovviamente in grado di proporre una soluzione alternativa, dato il disastroso stato dal testo. Facciamo però seguire un paio di proposte che possono essere formulate alla luce di qualche considerazione:

1. Diamo come premessa che il Par. 6 di C+G è uguale al Par. 9 di CH. In tal caso l'interpretazione può essere duplice:

a. l'articolo corrisponde (tranne magari qualche lieve variante) alla sostanza del CH. In questo caso tutto il testo potrebbe essere ricostuito abbastanza agevolmente tranne, si è visto, allo scoglio della l.38'. Mancando però la pena per il venditore abusivo (presente in CH), è possibile che in questa linea fosse riportata proprio la pena: non la morte (come in CH), ma il pagamento di una forte multa al legittimo proprietario.

Traduzione:

37'. ... il pa]drone di tutto quanto (è stato rubato) tutto il suo pr[enderà]

38'. [e (qui l'ammontare di una somma) da]l venditore anche prenderà; [l'uomo che]

39'. [la refurtiva] ha preso e nelle [cu]i mani [è stata trovata]

40'. [l'argento] dall'uomo che gl[ie](l')aveva data [riprenderà]

b. L'articolo presenta la stessa casistica di CH, ma varia nelle conseguenze. In tal caso possono essere di aiuto i Par. 4 e 5 di C+G (cf. anche il Par. 1), che stabiliscono che quando un bene è alienato da una persona diversa dal legittimo proprietario, la prassi da seguire è la seguente: l'acquirente del bene vede confermato il suo acquisto e diventa proprietario, mentre chi aveva alienato abusivamente il bene non suo deve risarcire il legittimo proprietario con un bene equivalente. Trattandosi anche qui di alienazione abusiva di beni, la prassi dovrebbe corrispondere. In tal caso la nostra interpretazione esige sia la negazione alla l.37', già proposta da Driver, sia un'altra alla l.40', con questa traduzione:

37'. ... il pa]drone di tutto quanto (è stato rubato) tutto il suo [non] pr[enderà]

38'. [(ma) un altro bene (corrispondente) da]l venditore prenderà; l'ac[quirente]

39'. [che la refurtiva] ha preso e nelle [cu]i mani [è stata trovata]

40'. [l'argento] dall'uomo che gl[ie](l')aveva data [non riprenderà]

Nel testo la differenza tra le due ipotesi è costituita dall'integrazione all'inizio della l.38', dalle due negazioni in **b.** (ll. 37' e 40'), e dal <u>ma</u> finale alla l. 38' (forse <u>ma-[hi-ra-nu]</u> in tutti e due i casi; ma in a. potrebbe essere enclitica: <u>i-lag-gé-⌈ma⌉</u> [...]: "<u>anche</u> prenderà"). In definitiva, la traduzione dell'articolo, alla luce di CH, potrebbe essere la seguente:

33'. [Se un uomo, o ...] o un animale o [qualunque altra cosa perduta (da altri) ha trovato]

34'. [ad un altro uomo ha venduto] e dei testimoni [hanno visto]

35'. [ed il pa]drone di tutto questo (di cui sopra) [nella mano dell'uomo]

36'. [a cui la refurtiva è stata consegna]ta ha trovato, e l'uomo [acquirente]

37'. [non sapeva (che era merce rubata), il pa]drone ecc. (<u>varianti secondo le ipotesi a. o b.</u>)

41'. [Se il v]enditore, che fosse (roba) perduta tutto il suo (=del legittimo proprietario), che non [sapeva]

42'. [dichiara, (81) i testimoni che] hanno visto porteranno pro[ve ...]

. . . .

2. Secondo questa ipotesi il Par. 6 di C+G non corrisponde al Par. 9 del CH. Il verbo halāqu in realtà non si riferisce a beni andati perduti, ma alla scomparsa del venditore abusivo di beni. In tal caso l'articolo potrebbe essere una ripetizione del concetto espresso nei due paragrafi precedenti (la vendita abusiva resta valida; il venditore abusivo deve risarcire il legittimo proprietario), che abbiamo già visto per l'ipotesi 1 b., di cui sopra. Lo scopo di questa ripetizione consisterebbe nell'aggiunta della clausola: [šumma t]adinānu halaq, cioè "se il venditore (abusivo) è scomparso"; in tal caso il legittimo proprietario, se questa ipotesi è valida, può rifarsi sull'acquirente; e qui sono necessari i testimoni, nominati all'inizio dell'articolo, perché solo tramite essi è possibile rinvenire un acquirente che in genere ha scarsa importanza, dato che legge sancisce la regolarità del suo acquisto, ma che in caso di scomparsa del venditore è indispensabile perché il legittimo proprietario non rimanga defraudato. La traduzione secondo questa ipotesi sarebbe dunque la seguente:

33'. [Se un uomo, o ...] o un animale o [qualunque altra cosa non sua]
34'. [ad un altro uomo ha venduto] e dei testimoni [hanno visto]
35'. [ed il pa]drone di tutto questo (di cui sopra) [nella mano] dell'uomo
36'. [a cui la refurtiva è stata consegna]ta ha trovato, e l'uomo [acquirente]
37'. [non sapeva (che era merce rubata), il pa]drone di tutto quanto (è stato rubato) tutto il suo [non] pr[enderà]
38'. [(ma) un altro bene (corrispondente) da]l venditore prenderà; l'ac[quirente]
39'. [che la refurtiva] ha preso e nelle [cu]i mani [è stata trovata]
40'. [l'argento] dall'uomo che gl[ie](l')aveva data [non riprenderà].
41'. [(Ma) se] il venditore è scomparso tutto il suo (del proprietario) l'ac[quirente]
42'. [gli restituirà. I testimoni] che hanno visto porteranno pro[ve ...]

. . . .

Il problema del Par. 6 di C+G rimane dunque aperto, dato che possono variare le interpretazioni e, di conseguenza, le integrazioni. Riteniamo comunque probabili, in ogni caso, le seguenti integrazioni:
l.34': ovvia la presenza del verbo am-ru;
l.36': i/in-na]-ad-di (nadā'u N);
L.39': ovvia la presenza di sabātu;
l.41': (fine) il segno la, piuttosto che la negazione "non", potrebbe essere l'inizio del termine lage'ānu, cf. anche Par. 6b.

----

(31).Cioè: [dichiara] che non sapeva che si trattava di un bene smarrito da altri.

TAVOLETTA C+G

Par. 6 b
(KAV 143 VERSO)

1'.[...] x che x [...]
2'.[...] prenderà e colui che ha pre[so (=l'acquirente) ...]
3'.[...] che per argento x [...]
4'.[...] 2 MÁŠ al proprietario dell'argento x [...]
5'.[...] x è andato da lui, tutto quello che [...]
6'.[...] x da lui non prenderà.

Il paragrafo, decisamente ridotto in condizioni pietose, non permette una ragionevole ricostruzione. Possiamo solo dire che la presenza di un lage'ānu suggerisce che anche qui viene considerato un caso che rientra nelle alienazioni abusive di beni. I due MÁŠ MEŠ della l.4 sono problematici. Il Cardascia traduce "due capre(?)", e tale è infatti uno dei significati di MÁŠ, ampiamente attestato anche nel Medioassiro. Ma l'altro significato ugualmente molto attestato è quello di sibtu, "interesse" (su una somma prestata), che forse è più adatto nel contesto di un paragrafo come questo, che tratta di problemi di natura economica. Se dunque non si tratta di capretti, che verrebbero dati a titolo di risarcimento per un danno che non sappiamo (82), ci troviamo di fronte ad un interesse che forse viene pagato due volte ad un bēl kaspi ("signore dell'argento"), parola che nel Par. 48 della Tavoletta A (KAV 1, VII:44) ha il chiaro significato di "creditore".

Alla luce di questa ipotesi vorremmo azzardare un'interpretazione; si tratterebbe qui di un caso conseguente ad un prestito di denaro, con previsione di conteggio di interessi dopo una data scadenza, e con la presenza di beni non dati come pegno, ma costituiti in garanzia (kattû): un tipo di prestito attestato in numerosi contratti dell'epoca (es. KAJ 34 e passim in KAJ). In questo paragrafo viene dunque considerato forse il caso di alienazione di beni propri che costituivano però garanzia presso un creditore: reato che la legge punirebbe con la condanna a pagare due volte gli interessi maturati (o un interesse doppio, che è poi la stessa cosa).

---

(82).Si tratterebbe in questo caso forse dell'alienazione di un capretto, ripagata con due? o forse di due capretti? Ma quali che siano le supposizioni sui capretti, dobbiamo dire che nessuna potrebbe convincerci, perché non ci pare possibile un paragrafo che tratti di un caso necessariamente troppo particolare. E se i capretti alienati fossero dieci, o cinquanta? E se invece di capretti si trattasse di cavalli? Quale sarebbe il risarcimento? Dobbiamo poi tener conto che negli altri paragrafi si tratta sempre di animali in generale, con norme che si adattano a qualsiasi animale ed indipendentemente dal loro numero.

TAVOLETTA C+G

Par. 7
(KAV 143 VERSO + KAV 6 VERSO:1'-2'=AfO 12, Tav.3, 1, VERSO 12'-13')

7'.[...] o qualunque (altra) cosa che come pegno [è stata data]
8'.[nella casa di un assi]ro dimora, e la scadenza è a[rrivata]
9'.[(e) "acquisita (e) presa" è stata dichia]rata, se l'argento quanto il suo prezzo eq[uivale]
10'.[è acquisita per lu]i (e) presa; se l'argento quanto il suo prezzo non e[quivale]
11'.[...] la acquisirà e prenderà ugualmente.
12'.+KAV 6:1'. [...] x farà consegnare(?). L'ammontare dell'argento x [...]
13'.+KAV 6:2'. [Rivendicazione e contesa giuridica] non ci sara[nno].

La ricostruzione ed il senso del paragrafo sono molto dubbi. Il Cardascia ha seguito la ricostruzione di David, BiOr 9, 170, di cui abbiamo tenuto conto, ma con qualche alternativa. Sia pure con varianti di modo e tempo, ci sembrano giusti i verbi ricostruiti alla fine delle ll. 8, 9, 10. All'inizio della l.9, invece di [*ki-i e-ta-at-q*]*u-ú-ni*, abbiamo integrato tenendo conto del testo KAJ 142: 7-9 (*ki ša-pár-ti ša-aknu-ni e-da-nu e-ti-qú-ni up-pu la-gé ga-bi-ú-ni*) (83). All'inizio della l.12 si può anche accettare una forma del verbo *maṭā'u* (proposto da David in alternativa alla lettura *ú-ta(?)-ad(?)-di*, leggendo però *ušaṭṭi* per maggior somiglianza di *ša* (piuttosto che *ma*) al secondo segno del verbo. All'inizio della l.13 David propone un incerto [*ṣibtu*] (così anche Cardascia, 307), che ci sembra inutile perché l'articolo tratta evidentemente di contratti di prestito in cui è prevista la perdita del bene invece del conto degli interessi. Invece della frase [*ṣibtu*] *laš*[*šu*] ("Non ci sarà interesse") supponiamo quindi che ci fosse una frase molto spesso attestata nei contratti di prestito in cui la penale alla scadenza è costituita appunto dalla perdita del bene: *tuāru u dabābu laššu* (cf. KAJ 26, 27 e *passim*; con persone KAJ 66). Secondo la ricostruzione proposta, un pegno è stato ceduto ad un "assiro" (cioè un uomo di condizione sociale inferiore) contro prestito di argento. Questo pegno è presumibilmente un essere vivente, dato il verbo della l.8: forse un animale o uno schiavo; comunque non un *a'īlu* né un suo parente, socialmente superiori all'"assiro". Il contratto steso a suo tempo prevedeva la perdita del bene nel caso che il debito non fosse stato pagato ad una

---

(83).Su questa base abbiamo anche modificato l'integrazione [*ki-i kaspi*] proposta da David alla fine della l.7, anche in considerazione del fatto che l'argomento del paragrafo riguarda chiaramente la questione del pegno ceduto da un debitore al suo creditore, mentre non vediamo a quale altra situazione possa adattarsi.

determinata scadenza. La legge stabilisce che il pegno è *uppu lage* (cioè "legalmente acquisito") se alla scadenza l'impegno non è stato rispettato, e se l'argento dato in prestito dall'"assiro" equivaleva al valore del bene. Viene poi l'ipotesi contraria: cioè il caso in cui l'argento non equivaleva al prezzo del bene; ed intendiamo qui che l'argento prestato fosse inferiore al valore del pegno, non superiore, sia perché la frase, per come è formulata, sembra suggerire questa interpretazione, sia perché l'uso, ovviamente, era tale. Il testo ha qui due righe che non permettono la piena comprensione del senso, nonostante la giuntura di Weidner in AfO 12, T.3, 1. Diversamente da David e Cardascia, leggiamo il verbo *ú-šal-ad-di* (Š di *nadā'u*). Se questa interpretazione è giusta, sembra di capire che il creditore ha diritto di farsi consegnare (dall'"assiro") qualcosa (probabilmente la differenza di valore).

Tirando le somme, pare che agli "assiri" non fosse permesso guadagnare dallo strozzinaggio. Essi potevano prestare contro pegno, e tenersi il pegno se il patto stabiliva la sua perdita ad una data scadenza; ma se il valore del pegno era superiore a quello del denaro prestato, l'"assiro" doveva versare al suo debitore una quota pari alla differenza.

TAVOLETTA C+G

Par. 8
(KAV 6 VERSO + KAV 143:14=AfO 12, Tav.3, 1 VERSO: 14-15)

3'.=KAV 143: 14'. [Se un uomo] o un animale o qualunque altra cosa
4'. [ha rubato, hanno por]tato prove contro di lui (e) provato la [sua] colpevolezza
5'. [la refurtiv]a darà, (con) 50 bastonate [lo] batteranno,
6'. [per x giorni il lavoro del re] farà. Questa sentenza i giudici del pa[ese?]
7'. [daranno. (Ma) se] è andato, la refurtiva, quanto ha ru[bato]
8'. [per il suo valore complet]o, poca e molta (=completamente) [ha restituito]
9'. [la sua pena] il re secondo il suo cuore [gli] imporrà.

Il paragrafo tratta evidentemente del furto, ma se è chiara la pena che la legge prescrive, l'interpretazione dell'ultima parte è incerta. Driver e Miles suggeriscono per la l.7 [*šumma* LUGAL] *iktalda-ma* ("se egli va dal re") il che farebbe intendere la possibilità di un ricorso. Il Cardascia, 310-311, segue questa interpretazione, con l'ipotesi che il colpevole non avesse l'*animus furandi*, per cui doveva ricorrere al re se voleva avanzare qualche attenuante, perché i giudici dovevano limitarsi ad infliggere la pena e "ne sont pas admis à faire une recherche d'intention". David, Symbolae Koschaker, 127, integra invece [šumma ... mana anak]a, cioè "Se (la refurtiva) arriva al (valore di) x mine di stagno" ed inoltre "se la refurtiva [ha venduto]"; ma non si capisce il perché di un minimo richiesto, né la ragione dell'intervento del re (cf. anche Cardascia, 311).

Secondo la nostra interpretazione, invece, la seconda parte del paragrafo considera il pentimento del ladro, che ha restituito la refurtiva in tutto il suo valore. In questo caso la sentenza è affidata alla misericordia dell'autorità, e cioè necessariamente del re, sia perché è il solo che può ridurre le pene a suo piacimento, sia perché i giudici, essendo più di uno, potrebbero essere in disaccordo, sia infine per evitare eventuali casi di corruzione.

Ved. anche il Par. 1 della Tavoletta F per una diversità di pene.

TAVOLETTA C+G

Par. 9
(KAV 6 VERSO)

10'.[Se la moglie(?)/il figlio(?) (1) di un uomo] o uno schiavo tutto quanto di suo (=del marito/padrone) (che le/gli era stato) affidato
11'.[ha rubato, e] in deposito fuori (casa l'oggetto) è stato messo,
12'.[l'uomo ...] nella cui casa il deposito è stato posto
13'.[all'uomo ...] che la sua casa aveva affidato non (l')ha det[to]
14'.[o ... nella ma]no sua è stato trovato
15'.[...] quest'uomo la (responsabilità per la) refurtiva por[ta].

Il paragrafo, per il quale abbiamo in sostanza seguito l'interpretazione di David, Symbolae Koschaker, 135, è intimamente legato al Par. 6 della tavoletta A, che qui sviluppa specificando che il colpevole può essere anche uno schiavo (85), ed esonerando dalla responsabilità il ricettatore se costui avverte il legittimo proprietario del bene alienato. All'inizio della l.12' poteva forse esserci un [ma-hi-ra-a-nu], cf. Par. 6 di A (KAV 1, I:72); all'inizio della l.13' poteva forse essere attestato un [EN mìm-mu-ú]; all'inizio della l.15' David integra: [bēl mìn-ma mìn-ma-su i-laq-q]í. Per la traduzione della l. 15' ved. Par. 6 della Tav. A.-

Ved. per questo paragrafo anche David, cit. e Cardascia, 312 sg.

---

(84).Cf. CH Par. 7.
(85).E anche un figlio del proprietario, se è valido il parallelo con CH Par. 7.

TAVOLETTA C+G

Par. 10
(KAV 6 VERSO)

16'.[Se un uomo ...] del suo vicino ha aumentato
17'.[(ed) hanno portato prove contro] di lui (e) provato la sua colpevolezza,
18'.[...] costui, e la pena che il re
19'.[secondo il suo cuore (gli comminerà)] gli imporranno.

Par. 11
(KAV 6 VERSO)

20'.[Se uno scriba(?)] ha aumentato (ed) ha scritto
21'.[...] dei creditori ...
22'.[(ed) hanno portato prove contro di lui] (e) provato la sua colpevolezza
23'.[...] xx che ha scritto
24'.[con N. b]astonate lo batteranno
25'.[...] x la mano dei credit[ori]
26'.[...] lo scriba e [...]

I Par. 10 e 11 di C+G non permettono, dato il precario stato di conservazione, una interpretazione sicura. Abbiamo quindi evitato di riportare ipotetiche ricostruzioni, comprese quelle di Driver e Miles (su cui cf. anche Cardascia, 314-315), limitandoci a quelle poche sicure.

I due paragrafi sembrano affini per la presenza del verbo <u>wtr</u> nella protasi, ma purtroppo non servono ad illuminarsi a vicenda. Nel Par. 10 si capisce solo che un uomo è punito secondo la volontà del re, se "aumenta" qualcosa del suo vicino. Non possiamo sapere che cosa aumenti; il Par. 11 fa seguire al verbo "ha aumentato", un altro verbo: "ha scritto"; ma non è detto che questa sequenza comparisse necessariamente nel Par. 10. La presenza di "creditori" al Par. 11 fa comunque pensare che anche qui si possa trattare di alterazione di qualcosa che fosse attinente ad un debito; non ci sembra da escludere dunque che il soggetto della protasi, più che un semplice LÚ, fosse un <u>ummiānu</u>, un "creditore", che abbia alterato, aumentandola, l'entità di una somma data in prestito al suo vicino.

Resta da spiegare la mancanza di una pena precisa. Nel Par. 8, su cui è stata ricostruita l'ultima linea del Par. 10, abbiamo visto che la sentenza è affidata al re quando quelle dei giudici potrebbero essere discordi; forse si tratta anche qui di questo caso, dipendendo la sentenza dall'entità della somma alterata.

Se l'interpretazione del Par. 10 è esatta, il Par. 11 ne sarebbe una logica conseguenza. Sappiamo infatti che i documenti di prestito erano scritti da uno scriba, il quale doveva essere d'accordo (e con lui forse anche i testimoni) con il creditore disonesto. Da qui la nostra integrazione DUB.SAR come soggetto della protasi del Par. 11. L'ultima parola della l.21, che è una forma Š di <u>elā'u</u>, più che il significato di "perdere" (il denaro), ci sembra che abbia quello di "esibire documenti", tra l'altro già attestato nelle Leggi al Par. 6 della Tavoletta B (KAV 2, III:16).

Infine, nella l.26 al termine "scriba" seguiva forse il termine "i testimoni". Forse anche per loro era stabilita la stessa pena che per lo scriba (un certo numero di bastonate): questa volta una pena fissa, non affidata alla volontà del re, perché la colpa era quella di aver scritto (e testimoniato) il falso, indipendentemente dall'ammontare della somma falsificata, che pesava sull'entità della pena comminata al creditore disonesto.

Diverse le interpretazioni di Driver-Miles e di Cardascia, 314-315, per cui il Par. 11 suggerirebbe il caso di una società commerciale e di un socio che ha aumentato, falsificandola, la cifra che aveva versato, oppure ha gonfiato le spese effettuate per conto della società.

TAVOLETTA D

Copia: KAV 3 (O. Schroeder)
Numero di scavo: Assur 9463=Photo Assur 1587
Numero di Museo (Berlino): VAT 9575
Misure: mm 30 x 55

TAVOLETTA D

Par. 1
(KAV 3)
(principio perduto)

1. [...] x x [...]
2. [...] x [...] al funzionario "responsabile della porta" [(86) x.]
3. [...] dirà a lui(?)
4. [...] x x x x andare non x [x]
5. [...] x x suo fratello dirà
6. [...] nel suo processo x x [x]

Par. 2
(KAV 3)

7. [Se ...] x il re x [...]
8. [...] mina? [...]
(resto perduto)

Non è possibile stabilire nemmeno l'argomento trattato nei paragrafi della tavoletta D. Nel primo paragrafo sembra trattarsi di una questione fra fratelli (eredità?). Alla linea 6 i segni a-bi [fanno supporre che sia chiamato in causa in qualche modo anche il padre.

----

(86).LÚ: GAL KÁ: in AfO 12, 50. Potrebbe seguire l'integrazione KÁ.[GAL] oppure KÁ [É.GAL]

TAVOLETTA E

Copia: KAV 4 (O. Schroeder)
Numero di scavo ignoto
Numero di Museo (Berlino): VAT 9839
Misure: mm 60 x 62

TAVOLETTA E

Par. 1
(KAV 4)
(principio perduto)

1. [...] x x x
2. [hanno portato prove contro di lu]i (ed) hanno provato la [sua] colpevolezza
3. [...] x ha portato x [...]
4. [(con x bastonate] lo [b]atteranno, con x [...]
5. [...] x 30 mine di stagno x [...]
6. [...] x il resto di 15 min[e ...]
7. [...] x i figli del re i giudici [...]
8. [...] ha portato secondo quanto il r[e ...]
9. [...] x x x davanti/riguardo al figlio x x [...]
10. [...] il re x [...]

Par. 2
(KAV 4, RECTO + VERSO)

11. [Se ...] x x ha battuto x [...]
12. [...] alla testa x [...]

(resto del recto e principio del verso perduti)

1'.[...] x [...]
2'.[...] una mina x [...]
3'.[...] x x x x [...]

Par. 3
(KAV 4, VERSO)

4'.[Se ...] tutto quanto x [...]
5'.[...] riceva e se con [...]
6'.[...] ha preso e il lavo[ro ...]
7'.[...] x non si rivolge x [...]
8'.[...] il suo (=di lei) stipendio non met[te ? ...]
9'.[...] il padrone del lavoro [...]

Par. 4

10'.[Se ...] x x x x colui che fa [...]
11'.[...] mettono x [...]
12'.[... del cre]ditore preceden[te ...]
13'.[...] del creditore[...]
14'.[...] e x [...]
15'.[...] x x [...]

(resto perduto)

Lo stato di conservazione del testo non permette di stabilire l'argomento che era trattato nella tavoletta. Nel Par. 1 si parla di pene (bastonate, una probabile multa di 30 mine di stagno) e di una "Commissione" costituita dai figli del re e da giudici. Nel Par. 2 è scomparso praticamente tutto. Si parla di una mina, probabile multa. Il Par. 3 sembra trattare di lavoro commissionato forse in relazione a lavoratrici. Infine il Par. 4 sembra trattare anch'esso di lavoro commissionato. Il parallelo con i contratti di questo tipo fa ritenere che il "creditore" nominato sia il proprietario della materia prima che viene data da lavorare. Si parla anche di un "creditore precedente", il che fa supporre che si consideri qui il caso di un passaggio di proprietà della materia prima, durante il periodo in cui era nelle mani dell'artigiano.

TAVOLETTA F

Copia: KAV 5 (O. Schroeder)
Numero di scavo: Assur 4732
Numero di Museo (Berlino): VAT 10109
Misure: mm 78 x 83

TAVOLETTA F
(KAV 5, Col. I illeggibile)

Par. 1
(KAV 5, Col II)

1. a [...]
2. una pecora di [...]
3. e se x [...] x [...] x x x [...]
4. nell'ovile del suo vicino una pe[cora(?)
5. ha cambiato x x x x [...]
6. colui che ha portato via la pecora 100 volte co[n il bastone lo batteranno]
7. lo raderanno, un mese intero il lavo[ro del re farà]
8. e la refurtiva della pecora d[arà].

Par. 2
(KAV 5, Col.II)

9. Il pastore di una mandria di cavall[i
10. senza chiedere al suo padrone né per argento [né per ...
11. non darà; dalla sua mano no[n ...
12. [Il p]astore della mandria e chi ha ricev[uto l'animale]
13. [...] l'animale che ha da[to ...]
14. [...] x suo sfregeranno [...]

Par. 3
(KAV 5, Col. II)

15. [...] del palazzo [...]
16. [...] x x [...]
17. [...] x [...]

(resto perduto)

La Tavoletta F raccoglie articoli di legge che riguardano i pastori ed i mandriani.

Il Par. 1 si riferisce chiaramente al furto di una pecora, e forse anche all'alterazione del marchio dell'animale (87). La pena è particolarmente pesante: cento bastonate, la rasatura ed un mese di lavori forzati.

Non si può evitare di notare la differenza con le pene comminate ad un ladro di bestiame al Par. 8 della Tavoletta C+G: solo cinquanta bastonate, più giorni x di lavoro forzato. È possibile che la ragione di questa differenza consista sia nel fatto che c'è stata l'aggravante del cambiamento del marchio (88), sia nel fatto che è forse prevista, a differenza del Par. 8 di C+G, 1.5', la restituzione della sola lana, non dell'animale intero. Nell'articolo deve essere infatti contemplata anche la rasatura della pecora; lo suggeriscono sia il tipo della pena, che sembra un contrappasso (la rasatura), sia la frase finale šurqa ša UDU i[ddan] (89), diversa dalla normale šurqa *ndn dei Par. 3 e 5 della Tav. A; la specificazione ša UDU sembra infatti voler specificare che non veniva restituita la pecora, ma "la refurtiva della/riguardante la pecora", e forse quindi la lana.

Nel Par. 2 viene stabilito che un mandriano di cavalli non può vendere un animale senza il permesso del padrone. La punizione sembra uguale sia per il pastore sia per chi acquista il cavallo, e consiste nella sfregiatura (della faccia? Driver e Miles propongono alla linea 14' l'integrazione pa-n]i-šu) (90).

Il Par. 3 è completamente scomparso, salvo che per il termine "palazzo", che fa supporre l'esistenza di un articolo dedicato ai mandriani dipendenti dal palazzo reale.

---

(87).Non siamo sicuri sull'interpretazione del termine šu-ú-ma (l.5), per David, Symbolae Koschaker, 139-140, corrispondente al babilonese šimtu, "marchio").

(88).Si noti che anche nel caso dell'alterazione di importanti confini (Tav. B, Par. 8) la pena consiste in 100 bastonate (più un mese di lavori forzati ed altre gravi pene). Sembra dunque che la legge sia particolarmente severa con chi altera la proprietà altrui, in modo da renderla irriconoscibile, quasi più che con chi la ruba. Nel nostro caso è possibile che gli animali cui è stato modificato il marchio fossero ormai irriconoscibili e quindi irrecuperabili.

(89).Per l'integrazione di questa frase ved. Par. 6 della Tav. A.

(90).David, Symbolae Koschaker, 139-140: [i-na pu-t]i-šu ("furcht man in seine Stirne ein").

TAVOLETTA H

(KAV 144)

Seguendo David, Symbolae Koschaker, 121, non riteniamo che KAV 144, denominata Tavoletta H, sia un testo che raccolga delle leggi. Il suo stato estremamente rovinato permette solo di stabilire che tratta un argomento religioso, e può essere dunque un rituale.

La nostra lettura alla linea 2,] x itna É-te_še-du x], ci conferma l'ipotesi del David (91).

----

(91).É-te è attestato in mA anche in RIAA 311:4; KAJ 240:17; Billa 61:5. Al Nom. É-tu in KAJ 220:2; Al Gen. con suffissi pronominali É-ti-ša KAV 1, II:25; III:15, 28 (= Tav. A); É-ti-šu KAJ 145:7; É-ti-ka AfO 19, Tav. V:5. Per šēdu in connessione con la casa cf. ad es. šēdu_bīti BBR 62:r.8 e šēd_bītim CH XXVIII: r.75.

TAVOLETTA J

Copia: KAV 193 (O. Schroeder)
Numero di scavo ignoto
Numero di Museo (Berlino): VAT 11153
misure: mm 62 x 46

TAVOLETTA J

Par. 1
(KAV 193 RECTO)

(principio perduto)

1. [... p]renderanno

Par. 2
(KAV 193 RECTO)

2. [... i]rrigherà
3. [... i]rrigherà

Par. 3
(KAV 193 RECTO)

4. [...] tre uomini un uomo
5. [...] della città x x x
6. [... non] c'è, quando lo sbarrare (il fiume)
7. [...] x hanno fatto, pagheranno completamente

Par. 4.
(KAV 193 RECTO)

8. [...] hanno fatto per un anno loro
9. [ci s]ono
10. [... incari]cati e(!) un <u>qatinnu</u>
11. [e gli ... del r]e staranno
12. [... al c]omando del re
13. [paghe]ranno completamente

Par. 5.
(KAV 193 VERSO)

1. [...] hanno fatto uscire
2. [...] hanno fatto uscire
3. [...] il loro x x
4. [...] a loro faranno fare

Par. 6.
(KAV 193 VERSO)

6. [...] x tratterranno
6. [...] x x

(resto perduto)

I 5 frammenti di paragrafi delle Tavoletta J fanno pensare ad una raccolta di leggi vicine alla Tavoletta B, che tratta di irrigazione (Par. 17-18). La nostra interpretazione alla l.6 è incerta ma ci è sembrata adatta visto il significato di <u>kesēru</u> ("sbarrare un fiume, fare una diga"); al Par. 5 può essere inoltre considerato il caso inverso ("far uscire [le acque] = aprire una diga) (92).

---

(92).Qualche altra variante rispetto al Cardascia, oltre alle ll.6 ed r. 1-2, sono alla l.10, dove preferiamo ricostruire il termine <u>gēpūtu</u> piuttosto che immaginarlo alla linea successiva, ed alla l.12 per il significato di <u>šipirtu</u> (cf. AHw, 1244b). Per <u>qatinnu</u> della l.10 ved. AHw, 908b; qui forse è un funzionario sovrintendente ai lavori di irrigazione.

TAVOLETTA K

Copia: AfO 12, Tav. 5, 1 (E.F. Weidner)
Numero di scavo: Assur 15044 = Photo Assur 4251
Numero di Museo (Berlino): VAT 14388
Misure: mm 33 x 72

TAVOLETTA K

Par. 1
(AfO 12, Tav. 5, 1)

(principio perduto)

1'.[...] x e x x [...]
2'.[...] x e costui x x [

Par. 2
(AfO 12, Tav.5, 1)

3'.[...] x del re lei non p[renderà ...]
4'.[... le par]ti di argento dovute da x [...]
5'.[... le part]i lei non prenderà le par[ti ...]
6'.[... le part]i lei non prenderà le parti [...]

Par. 3
(AfO 12, Tav.5, 1)

7'.[... l'arge]nto esibisca, qualunque cosa il qaiiapānu (93) x [
8'.[...] anni abbia paura (?), oppure x x [...]
9'.[...] queste [...](pl). l'argento e la sua quota [...]

Il testo sembra abbia contenuto legale, ma non si può dire che la cosa sia sicura. Il verbo talaqqe del Par. 2 (ll. 3, 5, 6) potrebbe essere anche 2 m. sg., ma la 3 f. sg. è più probabile. I Par. 2 e 3 sembrano trattare di questioni inerenti l'eredità. Nel Par. 2 sono elencati forse beni che non possono essere lasciati in eredità alle figlie. Il Par. 3 tratta forse invece di una questione particolare. Il verbo alla l.8 potrebbe essere sia šht III ("temere"), sia šht IV ("risciacquare"), sia šht I ("saltare, aggredire") sia šht II ("tirare, strappare") (94).

---

(93)."Fiduciario"? Ved. AHw, 893a
(94).Ved. per questi verbi AHw, 1129-1131.-

TAVOLETTA L

Copia: AfO 12, Tav. 3, 2 (E.F. Weidner)
Numero di scavo: 1501la= Photo Assur 4251
Numero di Museo (Berlino): VAT 14426
Misure: mm 66 x 30

TAVOLETTA L

Par. 1
(AfO 12, Tav. 3, 2)

(principio perduto)

1'.[...] x [...]
2'.[...] x [...]
3'.[... a] suo carico x [...]
4'.[...] x x lei non prender[à ...]

Par. 2
(AfO 12, Tav. 3, 2)

5'.[...] ad un uomo forestiero [...]
6'.[...] x x [ ] che sono posti [...]

Par. 3
(AfO 12, Tav. 3, 2)

7'.[... il fi]glio (=l'abitante) del suo paese ha continuato ad avvertirlo (?) x [...]
8'.[...] x hanno portato prove contro di lui (ed) hanno provato la colpevolezza [sua ...]
9'.[...] x x x x x lo porteranno alla fine e [...]

Par. 4
(AfO 12, Tav. 3, 2)

10'.[...] x giudice il suo debitore (Acc.) alla ca[sa ...]
11'.[... gi]udice il debitore (Nom.) non pagherà. Se [...]
12'.[...] x la controparte del suo processo x x [...]

Par. 5
(AfO 12, Tav. 3, 2)

13'.[...] x x trattengono [...]
14'.[...] x un *šulmānu* [...]
15'.[...] x x [...]

(resto perduto)

Anche la Tavoletta L è tanto rovinata che non ne è chiaro il contenuto; la sequenza dei due verbi alla l.8 ci fa comunque capire che si tratta sicuramente di un frammento di raccolta di leggi.

Il Par. 1 è incomprensibile; il verbo al Par. 4 avvicina forse questo articolo al Par. 2 della Tavoletta K (disposizioni su alcuni beni che non possono essere lasciati in eredità alle figlie?).

I Par. 2-3 mettono forse in relazione il "forestiero" con il connazionale, ma il senso generale sfugge. Intendiamo il verbo alla l.7 come Štn di na'ādu (così anche AHw, 693b), ma non siamo certi del significato adottato. All'inizio della l.9 potrebbe esserci forse una forma di nks (cf. Cardascia, 327).

I Par. 4-5 sembrano riferirsi a situazioni legali derivanti da prestiti. È chiaro che il Par. 4 si riferisce ad un caso di prestito che è finito in tribunale (vi si parla di giudici, di debitori, di processi). Il Par. 5 tratta del šulmānu, una promessa di dono fatta a seguito di interventi favorevoli in una questione legale, e registrata in contratti con terminologia analoga in in alcuni punti a quella dei normali contratti di prestito.

TAVOLETTA M

Copia: AfO 12, Tav. 6, 1 (E.F. Weidner)
Numero di scavo: Assur 13221
Numero di Museo (Istanbul): Photo K 241-2 = Photo Assur 3462
Misure: mm 80 x 120

TAVOLETTA M

Par. 1
(AfO 12 Tav. 6, 1 RECTO)

(principio perduto)

1'.[...] da sé stessa (= senza aiuto) .
2'.[...] così: <<Libera a me (la strada)>>
3'.q[ue]sta(?) barca x [x] x x x o sprofonda o si rovescia
4'.[la bar]ca con il suo carico, o il principale
5'.[che] lo [ha in]viato oppure colui stesso che la barca
6'.[ha ri]condotto, risarciranno. (Al) barcaiolo
7'.[che il no]me del re non invocherà a lui, non restituirà (=rimborserà).

Par. 2
(AfO 12, Tav. 6, 1 RECTO)

8'.[S]e una barca, sia che dall'alto scende,
9'.[o] dall'altra riva passa, nel lato
10'.[della terra] ferma una barca carica urta (e) a[ffonda]
11'.[o una b]arca vuota urt[a],
12'.[la barca] (e) tutto quanto il carico, quanto si è per[duto]
13'.[... la bar]ca urtata [...]
14'.[...] x x x [...]

(resto perduto)

I due paragrafi trattano di danni causati durante la navigazione fluviale. I battelli che risalivano il fiume ricorrevano al tonneggio, mentre quelli che lo discendevano erano trasportati dalla corrente. Il Par. 1 espone il caso di un battello che va secondo corrente(l.1) e che urta un'altra barca, che ovviamente è trascinata controcorrente. Poiché i battelli che discendevano il fiume navigavano in mezzo tra le due rive, e quelli che risalivano erano sempre vicino alla riva, il Cardascia, 329, si domanda come mai poteva avverarsi una collisione in mezzo al fiume. Ma probabilmente la collisione avveniva non in mezzo, ma lungo la riva, dove il battello discendente non doveva navigare; anzi solo così si giustifica pienamente l'avvertimento di cedere il passo, fatto da un battello che non poteva manovrare per scansarsi e che navigava dove era suo diritto. Il senso delle due prime linee è dunque: "Se un battello discende il fiume secondo corrente / e da un altro battello gli hanno gridato così: <<Cedi il passo>>".

Se la barca che è stata urtata affonda o si capovolge (95) tocca al proprietario o al battelliere dell'altra ripagare i danni. L'ultima linea problematica. Cardascia, 328, pensa che voglia significare che un battelliere che non ha prestato giuramento non può condurre una barca; in questo senso è anche la traduzione di David, JEOL 6, 136, cui si deve un riesame dei due paragrafi, ed alle cui integrazioni ci siamo attenuti. L'interpretazione non ci convince pienamente, perché ci sembra un po' strana così in fondo ad un paragrafo da cui è avulsa; si tratterebbe insomma di una disposizione che farebbe paragrafo a sé. Ci convince invece di più il confronto che ha fatto Weidner, AfO 12, 53, con due paragrafi del Codice di Hammurapi, e specialmente con il Par. 240, che vorremmo considerare quasi un parallelo di questo. Vi si considera infatti il caso di una barca che naviga secondo corrente che urta ed affonda una barca che procede controcorrente. Come qui, il proprietario della nave deve risarcire il proprietario di quella perduta, il quale mimmaša ina eleppišu halqû ina mahar ilim ubârma, "qualunque cosa nella sua nave che sia andata perduta davanti al dio dichiarerà". La dichiarazione solenne davanti al dio, in un articolo che ricalca tutta la casistica del nostro, ha forte probabilità di corrispondere, secondo noi, alla dichiarazione fatta nel nome del re della l.7. Tutto sommato ci sembra dunque come traduzione più adatta: "(al) batteliere [che sul no]me del re non gli avrà fatto una dichiarazione (dei danni subiti), (il colpevole) non restituirà (=ripagherà) il danno": cioè lo stesso concetto del Par. 240 CH, espresso al negativo.

Il paragrafo 2 è rovinato, ma sembra comunque che voglia considerare la stessa casistica del primo, con la variante che si considera colpevole qui anche una barca che attraversa il fiume, insieme a quella che discende secondo corrente, e che la nave danneggiata è qui forse una nave ferma, attraccata alla riva.

---

(95). Alla l.3 c'è forse un'altra forma di pšr, attestato alla l.2. Per il significato di enû ved. Cardascia, 330.

TAVOLETTA M

Par. 2 bis
(AfO 12, Tav. 6, 1 VERSO)

(principio perduto)

1".[...] x x [...]
2".[...] x vestiti [...]
3".< ... >

Par. 3
(AfO 12, Tav. 6, 1 VERSO)

4".[Se un uomo ...] vestiti, per la durata di un viag[gio],
5".[... ad un] follone per lavar(li) g[li] ha dato x [x x]
6".[... << ...] è andato perduto >> ha detto, qualunque cos[a che]
7".[è andata perdu]ta completamente al x [x]
8".[rimpiazzerà], e se (l.9) ha udito (l.8) che ad argento lo ha dato
10".[hanno portato prove contro di lui] (ed) hanno provato la sua colpevolezza
11".[...] sono stati presi, dell'uomo [...]
12".[...] x la refurtiva x [...]
13".[...]

(resto perduto)

L'unico paragrafo leggibile nel verso della Tavoletta M, perquanto mutilo, è chiaro nel suo senso generale: se un uomo affida ad un follone dei vestiti perché li lavi, e questi poi dichiara che sono andati perduti, ha diritto al completo risarcimento. Se invece viene a sapere che questi vestiti sono stati venduti risulta vittima di un furto, ed il follone deve essere punito; purtroppo manca nel testo la natura della pena. La frase _ina muhhi ša harr[āni]_ ci pare che voglia significare che il proprietario dei vestiti li affida all'inizio di un viaggio al follone, presso cui rimangono per tutta la durata del viaggio; di conseguenza ne constaterà la sparizione al ritorno. La forma N di _sbt_ della l.11 significa forse che i vestiti sono stati trovati nelle mani di terzi (cf. anche Tav. A, VII: 3).

Ved. per questo paragrafo anche Cardascia, 331-333; David, Symbolae Koschaker, 132 sg.

TAVOLETTA N

Copia: AfO 12, Tav. 6, 2 (E.F. Weidner)
Numero di scavo: Assur 23078
Numero di Museo (Istanbul): Photo K 164
Misure: mm 65 x 85

TAVOLETTA N

Par. 1
(AfO 12, Tav. 6, 2)

(principio perduto)

1'.[S]e un uomo in una rissa ad un (altro) uomo ... ha detto]
2'.così: <<Una bestemmia tu hai pronunziato ...]
3'.ed il tempio hai derubato x [... >>]
4'.(con) 40 bastonate lo batteranno, [(per) ... il lavoro del re farà].

Par. 2
(AfO 12, Tav. 6, 2)

5'.Se un uomo in una rissa a[d un (altro) uomo ... ha detto]
6'.così: <<Una bestemmia [tu hai pronunziato ...]
7'.ed il tempio hai de[rubato ... >>]
8'.(ma) prova no[n ha portato (e quindi) non ha provato (la sua accusa)]
9'.ques[t']uomo [(con) x bastonate lo batteranno]
10'.(per) un mese [intero il lavoro del re farà].

(resto perduto)

I due paragrafi trattano dell'accusa che viene rivolta ad un uomo da un suo avversario in una rissa: un'accusa fatta in pubblico e che può essere stata inventata in un momento di particolare tensione. L'accusa è grave: insulto agli dei con la bestemmia od il furto sacrilego. Nel Par. 1 si suppone che l'accusa venga provata (Cardascia, 335, pensa che potesse esserci un verbo con questo significato alla fine della l.3). Nel Par. 2 invece l'accusatore non può provarla, e viene dunque punito con una pena che è forse identica a quella che tocca al sacrilego: mettendo insieme i dati che ci sono rimasti per la pena dell'uno e dell' altro, si tratterebbe di 40 bastonate ed un mese di lavori forzati.

Si confrontino alcune analogie con i Par. 18-19 della Tavoletta A (che hanno permesso di ricostruire la l.8).

TAVOLETTA O

Copia: AfO 12, Tav. 5, 2
Numero di scavo: Assur 5732
Ubicazione ignota. Copia tratta da Photo Assur 1137/38

TAVOLETTA O

Par. 1
(AfO 12, Tav. 5, 2 RECTO, Col. I)

1. [Se un uomo ... per i fi]gli ha stabilito
2. [...] x x x faranno.

Par. 2
(AfO 12, Tav. 5, 2 RECTO, Col. I)

3. [...] x x x la sua volontà(?) x x x
4. [... riguardo alla] sua casa non stabilirà
5. [...] x x x hanno fatto
6. [... an]dranno?
7. [...] x
8. [...] x
9. [...]

(resto perduto)

Par. 2 bis
(AfO 12, Tav. 5, 2 RECTO, Col. II)

1. Quando x x [...]
2. le case di x [...]
3. gli schiavi divide[ranno ...]
4. e i giardini [...]
5. dopo questo [...]
6. le tavolette di [...]
7. e i testimoni quant[o ...]

Par. 3
(AfO 12, Tav. 5, 2 RECTO, Col. II)

8. [S]e fratelli la casa del padre [loro dividono,]
9. [i frut]teti e i pozz[i nel terreno ... il figlio grande (=maggiore)]
10. [2 par]ti sce[glierà (e) prenderà, e i suoi fratelli]
11. [dopo in]sieme sceg[lieranno (e) prenderanno. Nel campo-<u>šiluhli</u>]
12. [qualunque cosa e] le attrezzature tutte il figlio piccolo (=minore) dividerà]
(resto perduto. Ved. Tavoletta B, Par. 1)]

Par. 4
(AfO 12, Tav. 5, 2 VERSO, Col. I)
(principio perduto)

1'.Se il/i padron[e/i ...]
2'.queste acque x [...]
3'.chiariranno (la questione) (96) e da[ranno]

Par. 5
(AfO 12, Tav. 5, 2 VERSO, Col. I)

4'.[S]e in un territorio nei [pozzi acque che siano abbastanza per impiegar(le) nell'irrigazione
5'.ci sono, (e) i padroni [dei campi insieme staranno, (ogni) uomo secondo l'area del suo campo]
6'.il lavoro farà, il suo campo i[rrigherà. E se tra loro]
7'.chi non è d'accordo c'[è, chi tra di loro è d'accordo i giudici]
8'.interrogherà, la tavoletta dei [giudici prenderà, e il lavoro farà;]
9'.queste acque per s[è prenderà. Il suo campo irrigherà].
(base del testo. Il paragrafo continuava in altra sede. Cf. Tav. B, Par. 17)

Par. 6
(AfO 12, Tav. 5, 2 VERSO, Col. II)

1'.[...] x [...]
2'.[...] x [...]
3'.[...] x x [...] x la sua liberazione (Acc.)
4'.[...] x ha tagliato(?)/denunziato(?) una mina d'argento darà
5'.[... una m]ina d'argento darà [...]
6'.[... un] talento di stagno dar[à ...]
7'.[... la re]furtiva dar[à ...]
8'.[...] x x x x x nel/dal capitale
9'.[...] x x x [...] x prenderanno.

La Tavoletta O ha due paragrafi uguali ad altri due della Tavoletta B, ma non ne è un duplicato, perché il Par. 1 di B corrisponde a quello che convenzionalmente chiamiamo Par. 3 di O, e che in realtà è il secondo della colonna II (preceduto quindi da un buon numero di altri paragrafi).

Nel recto della tavoletta sono sicuramente riportati articoli di legge che riguardavano la questione dell'eredità. Nei Par. 1 e 2 compare il verbo __šiāmu__ (AHw, 1225), spesso usato in testi che trattano di testamenti, specie con __šīmtu, šīmātu__, che è presumibilmente da supporre attestato ma scomparso alle ll. 1 e 4.

Il Par. 2 bis, considerato come continuazione del testo del Par. 2 da Weidner e Cardascia, ci sembra un articolo a sé, se non

---

(96).Traduzione sulla base di A: Par. (Col. III): 91

altro per i primi due segni scritti a sinistra fuori del bordo (97).

Il Par. 3, abbiamo detto, è il duplicato di A: Par. 1, e sulla base di quest'ultimo abbiamo fatto le integrazioni; bisogna tener conto però di alcune varianti che si notano tra i due testi (ideogrammi in O, II: 9; <u>gātu</u> al plurale in O, II: 10; variante di un sostantivo in O, II: 12) per cui non è detto che le nostre integrazioni corrispondano perfettamente al testo originale.

Il rovescio della tavoletta tratta, almeno nei due primi paragrafi, di questioni riguardanti l'irrigazione. Il Par. 4 (numero convenzionale, come i seguenti) non permette alcuna comprensione del senso. Il Par. 5 invece è chiaro, perché è il duplicato di B, Par. 17. Sulla base di quest'ultimo è stato possibile dunque ricostruirlo, tenendo però conto di alcune varianti (la mancanza di una vocale aggiuntiva in O, Verso I: 6, 8, 9; <u>aš</u> invece di <u>áš</u> ib.:5). Una ulteriore variante (ideogramma in O, Verso I: 6) suggerisce inoltre che le integrazioni fatte sulla base di B, Par. 17 possono non corrispondere perfettamente al testo originale.

Il Par. alla colonna II del Verso, convenzionalmente distinto con il N. 6, non sembra trattare del medesimo argomento. Se la nostra lettura di II: 7 è esatta (98), l'argomento parrebbe essere il furto.

---

(97).Proponiamo inoltre l'integrazione <u>i-zu-z[u</u>, che ci sembra ovvia, alla l. II: 3.

(98).La trascrizione 4 <u>ga__idd[an</u> (Weidner e Cardascia) non ci convince perché non si specifica la natura dell'arido che deve essere dato/pagato.

TAVOLETTA P

Copia: Iraq 35, Tav. 12, 4 (J.N. Postgate)
Numero di scavo ignoto
Numero di Museo (Londra): K 10135
Misure: mm 44 x 43

TAVOLETTA P

Par. 1
(Iraq 35, Tav. 12, 4)

1. Se o la moglie di un uomo o la fi[glia di un uomo in un tempio è entrata]
2. dal tempio qualcosa d[el santuario ha rubato (e) nella sua mano è stato preso,]
3. ed hanno portato prove contro di lei e provata la sua colpevolezza, la prova porteranno, il dio interrogheranno].
4. e secondo quanto il dio [nel trattare la donna dirà, la tratteranno].

Par. 2
(Iraq 35, Tav. 12, 4)

5. Se o la moglie di un uomo [o la figlia di un uomo una bestemmia pronunzia]
6. o (il vizio del)l'insolenza [della bocca prende, questa donna (la responsabilità del)la sua colpa]
7. porterà, ver[so suo marito, i suoi figli (e) le sue figlie non si avvicineranno.]

Par. 3
(Iraq 35, Tav. 12, 4)

8. Se un uomo o [è ammalato o è morto (e) sua moglie nella sua casa qualcosa ruba]
9. o a [un uomo o a una donna o a qualcun altro ...] etc.
10. x x [...]

(resto perduto; ved. Tav. A, Par. 3)

Come ha già fatto notare J.N. Postgate, che lo ha pubblicato, questo frammento è un duplicato della Tavoletta A, e contiene l'inizio dei primi tre paragrafi. Le integrazioni sono state fatte sulla base della Tavoletta A, tranne qualche variante (come u_lu, mim-ma) suggerita dal poco testo conservato. La presenza di leggere varianti non assicura dunque che la ricostruzione sulla base della Tavoletta A sia assolutamente corrispondente.

Nemmeno sicure sono alcune integrazioni fatte alla Tavoletta A, e qui riportate di conseguenza. Ved. Tavoletta A, Par. 1 per alcune varianti di ricostruzione proposte da Postgate, anche sulla base dell'ultimo segno di P: 2, che piuttosto che *ša*, sembra essere *ri/tal*, e quindi l'inizio di *tal-ti-riq/ri-iq*.

TESTI IN TRASCRIZIONE

KAV1 I

1 [*šum-m*]*a* MÍ [*lu-ú*] DAM LÚ
2 [*lu*]*-ú* [DUMU-M]Í LÚ
3 [*a-na*] É DINGIR [*t*]*e-ta-ra-ab*
4 [*i+na*] É DINGIR [*mi*]*-im-ma*
5 [*ša* DINGIR?] *tal-ti-r*[*iq* x]*-ri-iq*
6 [...] *iz-za-qa*[*p*?]
7 *lu-ú ub-ta-*⌜*e*⌝*-ru-ú-*[*ši*]
8 *lu-ú uk-ta-i-nu-*[*ú-ši*]
9 *ba-e-ru-ta* [...]
10 [D]INGIR ⌜*i*⌝-[*š*]*a-'-*[*ú-lu*]
11 [*k*]*i-i ša-a* [DINGIR *a-na e-pa-še*]
12 ⌜*i*⌝-[*qa*]*-ab!-*[*bi-ú-n*]*i*
13 ⌜*e*⌝*-ep-pu-šu-ú-ši*

14 *šu*[*m-ma*] MÍ *lu-ú* DAM-*at* LÚ
15 *lu-ú* DUMU-MÍ LÚ
16 *ši-il-la-ta táq-ṭì-bi*
17 *lu-ú mi-qí-it pe-e*
18 *ta-ar-ti-i-ši*
19 MÍ *ši-i-it*
20 *a-ra-an-ša ta-na-áš-ši*
21 *a-na mu-ti-ša* DUMU-MEŠ-*ša* DUMU-MÍ-MEŠ-*ša*
22 *la-a i-qar-ri-i-bu*

23 *šum-ma* LÚ *lu-ú ma-ri-iṣ*
24 *lu-ú me-et* DAM-*su i+na* É-*šu*
25 *mi-im-ma tal-ti-ri-iq*
26 *lu-ú a-na* LÚ *lu-ú a-na* MÍ
27 *ù lu-ú a-na ma-am-ma*
28 *ša-ni-em-ma ta-ti-din*
29 DAM-*at* LÚ
30 *ù ma-hi-ra-nu-te-ma*
31 *i-du-uk-ku-šu-nu*
32 *ù šum-ma* DAM-*at* LÚ
33 *ša mu-us-sa bal-ṭu-ú-ni*
34 *i+na* É *mu-ti-ša tal-ti-ri-iq*
35 *lu-ú a-na* LÚ *lu-ú a-na* MÍ
36 *ù lu-ú a-na ma-am-ma*
37 *ša-ni-em-ma ta-at-ti-din*
38 LÚ DAM-*su ú-ba-ar*
39 *ù hi-i-ṭa e-em-mì-id*

40 *ù ma-hi-ra-a-nu ša i+na qa-at*
41 DAM-*at* LÚ *im-hu-ru-ú-ni*
42 *šur-qa i-id-da-an*
43 *ù hi-i-ṭa ki-i ša-a* LÚ
44 DAM-*su e-mi-du-ú-ni*
45 *ma-hi-ra-a-na e-em-mi-du*

46 *šum-ma lu-ú* ÌR! *lu-ú* GEMÉ
47 *i+na qa-at* DAM-*at* LÚ
48 *mi-im-ma im-ta-ah-ru*
49 *ša* ÌR *ù* GEMÉ *ap-pe-šu-nu*
50 *uz-né-šu-nu ú-na-ak-ku-su*
51 *šur-qa ú-mal-lu-ú* LÚ *ša* DAM-[*š*]*u*
52 *uz-né-ša ú-*⌜*na-ak-ka*⌝*-ás*
53 *ú šum-ma* DAM-*s*[*u*] *ú-uš-šìr*
54 [*uz*]*-né-ša la-a ú-na-ak-ki-is*
55 *ša* ÌR *ù* GEMÉ *la-a ú-na-ku-su-ma*
56 *šur-qa la-a ú-ma-lu-ú*

57 *šum-ma* DAM-*at* LÚ *i+na* É LÚ
58 *ša-ni-e-ma mìm-ma tal-ti-ri-iq*
59 *a-na qa-at* 5 MA-NA AN-NA
60 *tu-ta-at-tir* EN *šur-qí i-tam-ma*
61 *ma-a šum-ma ú-ša-hi-zu-ši-ni*
62 *ma-a i+na* É*-ia ši-ir-qí*
63 *šum-ma mu-us-sa ma-gi-ir*
64 *šur-qa id-dan ù i-pa-aṭ-ṭar-ši*
65 *uz-né-ša ú-na-ak-ka-ás*
66 *šum-ma mu-us-sa a-na pa-ṭa-ri-ša*
67 *la-a i-ma-ag-gu-ur*
68 EN *šur-qí i-laq-qé-e-ši*
69 *ù ap-pa-ša i-na-ak-ki-is*

70 *šum-ma* DAM-*at* LÚ *ma-áš-ka-at-ta*
71 *i+na ki-i-di tal-ta-ka-an*
72 *ma-hi-ra-a-nu*
73 *šur-qa i-na-áš-ši*

74 *šum-ma* MÍ *qa-ta a-na* LÚ *ta-ta-bal*
75 *ub-ta-e-ru-ú-ši*
76 30 MA-NA AN-NA *ta-ad-dan*
77 20 *i+na* GIŠ-GIDRI-MEŠ *i-mah-hu-ṣu-ši*

78 *šum-ma* MÍ *i+na ṣa-al-te iš-ka*
79 *ša* LÚ *ta-ah-te-e-pi*
80 1 *ú-ba-an-ša i-na-ki-su*
81 *ù šum-ma* LÚ-A-ZU *ur-tak-ki-is-ma*
82 *iš-ku ša-ni-tu il-te-ša-ma*
83 *ta-at-ta-al-pa-at*
84 [*e*]*-ri-im-ma tar-ti-i-ši*

85 [ù l]u i+na ṣa-al-te
86 [iš]-ka ša-ni-ta tah-te-pi
87 [x-x-M]EŠ-ša ki-la-lu-un i-na-pu-lu

88 [šum-ma] LÚ qa-ta a-na DAM-at LÚ
89 [ú-b]íl ki i bu ri e-pu-us-si
90 [ub]-ta-e-ru-ú-uš
91 [u]k-ta-i-nu-ú-uš
92 [1] ú-ba-an-šu i-na-ki-su
93 [šum]-ma i-it-ti-ši-iq-ši
94 [ša]-pa-as-su šap-li-ta
95 [a-na-ig]i e-ri-im-te ša-a pa-a-še
96 [i-ša]-ad-du-du i-na-ki-su

97 [šum-ma lu]-⌜ú⌝ LÚ lu-ú MÍ
98 [a-na É L]Ú e-ru-bu-ma
99 [lu-ú LÚ lu]-ú MÍ i-du-ku
100 [a-na EN É d]a-i-ka-nu-te
101 [i-id-du-nu] pa-nu-šu-ú-ma
102 [i-du-a]k-šu-nu
103 [pa-nu-šu-ma im-ma-an]-ga-ar
104 [mi-im-mu-šu-nu] i-laq-qé

KAVI II

1 [ù šum-ma i+na É] da-i-[ka-nu-te]
2 mi-im-[ma ša ta-da-ni la-áš-šu]
3 lu-ú DU[MU lu-ú DUMU-MÍ]
4 [...] im [...]
5 [... i+n]a ⌜É⌝ [...]
6 [...]
7 [šum-ma ...]
8 [...]
9 [...]
10 [...]
11 [...]
12 ši-[...]
13 ša L[UGAL?] e-pa-a-a[š x x x]-li

14 šum-ma DAM-at LÚ i+na re-be-e-te
15 te-te-ti-iq LÚ ⌜iṣ⌝-ṣa-ba-a-sú
16 la-ni-ik-ki-me iq-ṭì-bi-a-áš-še
17 la-a ta-ma-gu-ur ta-ta-na-ṣa-ar
18 e-mu-qa-ma iṣ-ṣa-ba-as-si
19 it-ti-ak-ši
20 lu-ú i+na UGU DAM LÚ ik-šu-du-uš
21 ù lu-ú ki-i MÍ i-ni-ku-ú-ni

22 *še-bu-tu ub-ta-e-ru-uš*
23 LÚ *i-du-uk-ku*
24 *ša* MÍ *hi-i-ṭu la-áš-šu*

25 *šum-ma* DA[M]*-at* LÚ *iš-tu* É*-ti-ša*
26 *ta-at-ti-ṣi-ma a-na* UGU LÚ
27 *a-šar us-bu-ú-ni ta-ta-lak*
28 *it-ti-ak-ši ki-i* DAM*-at* LÚ*-ni*
29 *i-de* LÚ *ù* MÍ-MA *i-duk-ku*

30 *šum-ma* DAM*-at* LÚ LÚ *lu-ú*
31 *i+na* É*-al-tam-me lu-ú i+na re-be-te*
32 *ki-i* DAM*-at* LÚ*-ni i-de*
33 *it-ti-ak-ši ki-i* LÚ *ša* DAM*-su*
34 *a-na e-pa-še i-qa-ab-bi-ú-ni*
35 LÚ*-na-i-ka-na e-pu-šu*
36 *šum-ma ki-i* DAM*-at* LÚ*-ni la-a i-de*
37 *i-it-ti-a-ak-ši*
38 LÚ*-na-i-ka-a-nu za-a-ku*
39 LÚ DAM*-su ú-ba-ar*
40 *ki-i lìb-bi-šu e-pa-a-*[*s*]*u*

41 *šum-ma* LÚ *iš-tu* DAM*-ti-šu* LÚ *iṣ-ṣa-bat*
42 *ub-ta-e-ru-ú-uš*
43 *uk-ta-i-nu-ú-uš*
44 *ki-la-al-le-šu-nu-ma*
45 *i-du-uk-ku-šu-nu*
46 *a-ra-an-šu la-áš-šu*
47 *šum-ma iṣ-ṣa-ab-ta lu-ú a-na* UGU LUGAL
48 *lu-ú a-na* UGU DI-KUD-MEŠ *it-tab-la*
49 *ú-ub-ta-e-ru-ú-uš*
50 *ú-uk-ta-i-nu-ú-uš*
51 *šum-ma mu-ut* MÍ DAM*-su i-du-ak*
52 *ù a-i-la i-du-ak-ma*
53 *šum-ma ap-pa ša* DAM*-šu i-na-ki-is*$_5$
54 LÚ *a-na ša re-še-en ú-tar*
55 *ù pa-ni-šu gab-ba i-na-qu-ru*
56 *ù šum-ma* DAM*-s*[*u ú-uš-šar*]
57 LÚ ⌜*ú*⌝-[*uš-šar*]

58 *šum-ma* LÚ DAM*-a*[*t* LÚ ...]
59 *pi-i-ša* [*it-ti-a*?*-ak-ši*?]
60 *hi-i-ṭu ša* LÚ *la-*⌜*áš*⌝-[*šu*]
61 LÚ MÍ DAM*-su hi-i-ṭa*
62 *ki-i lìb-bi-šu e-em-mi-id*
63 *šum-ma e-mu-qa-a-ma it-ti-ak-ši*
64 *ub-ta-e-ru-ú-uš*
65 *uk-ta-i-nu-ú-uš*
66 *hi-ṭa-šu ki-i ša* DAM*-at* LÚ-MA

67 *šum-ma* LÚ *a-na* LÚ *iq-ṭì-bi*
68 *ma-a* DAM-*ka it-ti-ni-ik-ku*
69 *še-bu-ú-tu la-áš-šu*
70 *ri-ik-sa-a-te i-ša-ak-ku-nu*
71 *a-na* ÍD-*i-id il-lu-ú-ku*

72 *šum-ma* LÚ *a-na tap-pa-i-šu*
73 *lu-ú i+na pu-uz-ri lú i+na ṣa-al-te*
74 *iq-bi ma-a* DAM-*ka it-ti-ni-ku*
75 *ma-a a-na-ku ú-ba-ar*
76 *ba-ú-ra la-a i-la-'-e*
77 *la-a ú-ba-e-er* LÚ *šu-a-tu*
78 40 *i+na* GIŠ-GIDRI-MEŠ *i-mah-hu-ṣu-uš*
79 1 ITU U_4-MEŠ-*te ši-pár* LUGAL *e-pa-áš*
80 *i-ga-ad-di-mu-uš*
81 *ù* 1 GÚ-UN AN-NA *id-da-an*

82 *šum-ma* LÚ *i+na pu-uz-ri*
83 *i+na* UGU *tap-pa-i-šu a-ba-ta iš-kun*
84 *ma-a it-ti-ni-ku-ú-uš*
85 *lu-ú i+na ṣa-al-te a-na pa-ni* ERÍN-MEŠ
86 *iq-bi-áš-šu ma-a it-ti-ni-ku-ka*
87 *ma-a ú-ba-ar-ka ba-ú-ra*
88 *la-a i-la-a-'-e*
89 *la-a ú-ba-e-er* LÚ *šu-a-tu*
90 50 *i+na* GIŠ-GIDRI-MEŠ *i-mah-hu-ṣu-uš*
91 1 ITU U_4-MEŠ-*te ši-pár* LUGAL *e-pa-áš*
92 *i-ga-di-muš ù* 1 GÚ-UN AN-NA *id-dan*

93 *šum-ma* LÚ *tap-pa-a-šu i-ni-ik*
94 *ub-ta-e-ru-ú-uš*
95 *uk-ta-i-nu-ú-uš*
96 *i-ni-ik-ku-ú-uš*
97 *a-na ša re-še-en ú-tar-ru-uš*

98 *šum-ma* LÚ DUMU-MÍ LÚ *im-ha-aṣ-ma*
99 *ša-a lìb-bi-ša ul-ta-aṣ-li-ìš*
100 *ub-ta-e-ru-ú-uš*
101 *uk-ta-i-nu-ú-uš*
102 2 GÚ-UN 30 MA-NA AN-NA *id-dan*
103 50 *i+na* GIŠ-GIDRI-MEŠ *i-mah-hu-ṣu-uš*
104 1 ITU U_4-MEŠ *ši-pár* LUGAL *e-pa-aš*

105 *šum-ma* DAM-*at* LÚ *la-a a-bu-ša*
106 *la-a a-hu-ša la-a* DUMU-*ša*
107 LÚ *ša-ni-um-ma har-ra-a-na*
108 *ul-ta-aṣ-bi-si ù ki-i* DAM-*at*
109 LÚ-*ni la-a i-de i-tam-ma-ma*
110 *ù* 2 GÚ-UN AN-NA
111 *a-na mu-ut* MÍ *i-id-dan*

KAV1 III

1 [šu]m-ma ki-[i DAM-at LÚ-ni i-de]
2 [b]i-it-[q]a-a-te id-[dan-ma i-tam-ma]
3 [ma]-⸢a⸣ šum-ma a-ni-[ik-ku-ši-ni]
4 ⸢ù⸣ šum-ma DAM-at [LÚ taq-ṭì-bi]
5 [ma]-⸢a⸣ i-it-ti-ka-an-ni
6 [ki-i L]Ú bi-it-qa-a-te
7 [a-na] LÚ id-di-nu-ú-ni
8 [a-na ÍD]-i-id il-lak
9 [ri-ik]-sa-tu-šu la-áš-šu
10 [š]um-m[a] i+na ÍD-i-id it-tu-ra
11 ki-i mu-ut MÍ DAM-su
12 e-pu-šu-ú-ni a-na šu-a-šu
13 e-ep-pu-ú-šu-uš

14 šum-ma DAM-at LÚ DAM-at LÚ-ma
15 a-na É-ti-ša tal-te-e-qí
16 a-na LÚ a-na ni-a-ki ta-ti-din-ši
17 ù LÚ ki-i DAM-at LÚ-ni i-de
18 ki-i ša DAM-at LÚ i-ni-ku-ú-ni
19 e-pu-šu-uš ù ki-i ša mu-ut MÍ
20 DAM-su ni-ik-ta ep-pu-šu-ú-ni
21 MÍ-mu-um-me-er-ta e-pu-šu
22 ù šum-ma mu-ut MÍ DAM-su
23 ni-ik-ta mìm-ma la-a e-pa-áš
24 na-i-ka-na ù mu-um-me-er-ta
25 mi-im-ma la-a e-pu-šu
26 ú-uš-šu-ru-šu-nu
27 ù šum-ma DAM-at LÚ la-a ti-i-de
28 ù MÍ ša a-na É-ti-ša
29 ta-al-qe-ú-ši-ni
30 ki-i pi-i-gi LÚ a-na UGU-ša
31 tu-ul-te-ri-ib ù it-ti-ak-ši
32 šum-ma iš-tu É i+na ú-ṣa-i-ša
33 ki-i ni-ku-tu-ú-ni táq-ti-bi
34 MÍ ú-uš-šu-ru za-ku-a-at
35 na-i-ka-na ù mu-um-me-er-ta
36 i-du-uk-ku
37 ù šum-ma MÍ la-a táq-ti-bi
38 LÚ DAM-su hi-i-ṭa ki-i lìb-bi-šu
39 e-em-mi-id na-i-ka-a-na
40 ù mu-me-er-ta i-duk-ku

41 šum-ma DAM-at LÚ i+na pa-ni mu-ti-ša
42 ra-ma-an-ša tal-ta-da-at
43 lu-ú i+na ŠÀ URU am-mé-e-em-ma
44 lu-ú i+na URU-DIDLI qur-bu-ú-te

45 a-⌜šar⌝ É ud-du-ši-i-ni
46 a-na É áš-šu-ra-ie-e te-ta-rab
47 iš-⌜tu⌝ NIN É ú-us-bat
48 3-[š]u 4-[š]u be-da-at EN É
49 ⌜ki-i⌝ DAM-at LÚ i+na É-šu
50 [u]s-bu-tu-ú-ni la-a i-de
51 i+[n]a u[r]-k[i]-it-te MÍ ši-i
52 t[a-a]t-ta-aṣ-bat EN É ša DAM-su
53 [i+na pa]-ni-šu ra-ma-an-ša
54 [tal-d]u-du-ú-ni DAM-su
55 [ú-na-ka-áš la-a] i-laq-qé
56 [DAM]-at [L]Ú ša DAM-su il-te-ša
57 us-bu-tu-ni uz-né-ša ú-na-ku-su
58 ha-di-ma mu-us-sa 3 GÚ-UN 30 MA-NA
59 AN-NA ŠÀM-ša i-id-dan
60 ù ha-di-ma DAM-su i-laq-qé-ú
61 ù šum-ma EN É ki-i DAM-at LÚ
62 i+na É-šu iš-tu DAM-[su]
63 us-bu-tu-ú-ni i-[de]
64 3-a-te i-id-da-an
65 ù šum-ma it-te-ke-er
66 la-a i-de-e-ma i-qa-ab-bi
67 a-na ÍD-i-id il-lu-ú-ku
68 ù šum-ma LÚ ša DAM-at LÚ
69 i+na É-šu us-bu-tu-ú-ni
70 i+na ÍD-i-id it-tu-ú-ra
71 3-a-te i-id-da-an
72 šum-ma LÚ sa DAM-su i+na pa-ni-šu
73 ra-ma-an-ša tal-du-du-ú-ni
74 i+na ÍD-i-id it-tu-ra za-a-ku
75 gi-im-ri ša ÍD-i-id ú-mal-la
76 ù šum-ma LÚ ša DAM-su
77 i+na pa-ni-šu ra-ma-an-šu
78 ta-al-du-du-ú-ni
79 DAM-su la-a ú-na-ak-ki-is_5
80 DAM-su-ma i-laq-qé
81 e-mi-it-tu mi-im-ma la-áš-šu

82 šum-ma MÍ i+na É a-bi-ša-ma us-bat
83 ù mu-us-sa me-e-et
84 ŠEŠ-MEŠ mu-ti-ša la-a ze-e-zu
85 ù DUMU-ša la-áš-šu
86 mi-im-ma du-ma-a-qé ša mu-us-sa
87 i+na UGU-ša iš-ku-nu-ú-ni
88 la hal-qu-ú-ni ŠEŠ-MEŠ mu-ti-ša
89 la-a ze-zu-ú-tu i-laq-qé-ú
90 a-na re-ha-a-te DINGIR-MEŠ-ni
91 ú-še-et-tu-qu ú-ba-ar-ru
92 i-laq-qé-ú
93 a-na ^{d}ÍD-i-id ù ma-mi-te
94 la-a iṣ-ṣa-ab-bu-ú-tu

95 šum-ma MÍ i+na É a-bi-ša-ma us-bat
96 ù mu-us-sa me-e-et
97 mi-im-ma du-ma-a-qé
98 ša mu-us-sa iš-ku-nu-ši-i-ni
99 šum-ma DUMU-MEŠ mu-ti-ša
100 i-ba-aš-ši i-laq-qé-ú
101 šum-ma DUMU-MEŠ mu-ti-ša la-áš-šu
102 ši-it-ma ta-laq-qé

103 šum-ma MÍ i+na É a-bi-ša-ma us-bat
104 mu-us-sa e-ta-na-ra-ab
105 mìm-ma nu-du-un-na-a ša-a mu-us-sà
106 id-di-na-aš-še-ni šu-a-am-ma
107 i-laq-qé a-na ša É a-bi-ša
108 la-a i-qa-ar-ri-ib

KAV1 IV

1 [šum]-ma MÍ-[al]-ma-at-tu a-na É L[Ú]
2 te-ta-ra-ab ù DUMU-ša
3 [h]u-ur-da il-te-ša na-ṣa-a-at
4 i+na É a-hi-za-ni-ša ir-ti-bi
5 ù ṭup-pu ša-a DUMU-ut-ti-šu la-a šaṭ-rat
6 HA-LA i+na É mu-ra-bi-a-ni-šu
7 la-a i-laq-qé
8 hu-bu-ul-li la-a i-na-áš-ši
9 i+na É a-li-da-ni-šu
10 HA-LA ki-i qa-ti-šu i-laq-qé

11 šum-ma MÍ a-na É mu-ti-ša te-ta-rab
12 ši-ir-ke-ša ù mi-im-ma
13 ša iš-tu É a-bi-ša na-ṣu-tu-ú-ni
14 ù lu-ú ša-a e-mu-ú-ša
15 i+na e-ra-bi-ša id-di-na-áš-še-en-ni
16 a-na DUMU-MEŠ-ša za-a-ku
17 DUMU-MEŠ e-mé-e-ša la-a i-qar-ri-bu
18 ù šum-ma mu-us-sa i-pu-ag-ši
19 a-na DUMU-MEŠ-šu ša-a lìb-bi-šu i-id-dan

20 šum-ma a-bu a-na É e-me ša DUMU-šu
21 bi-ib-la it-ta-bal iz-zi-bi-il$_5$
22 MÍ a-na DUMU-šu la-a ta-ad-na-at
23 ù DUMU-šu ša-ni-ú ša DAM-su
24 i+na É a-bi-ša us-bu-tu-ù-ni
25 me-e-et DAM-at DUMU-šu me-e-te
26 a-na DUMU-šu ša-na-i-e
27 ša a-na É e-me-šu iz-bi-lu-ú-ni

28 a-na a-hu-ze-te i-id-dan-ši
29 šum-ma EN DUMU-MÍ ša zu-bu-ul-la-a
30 im-ta-ah-hu-ru-ú-ni
31 DUMU-MÍ-su a-na ta-da-a-ni
32 la-a i-ma-ag-gu-ur
33 ha-di-ma a-bu ša-a zu-bu-ul-la-a
34 iz-bi-lu-ú-ni kal-la-a-su
35 i-laq-qé-a a-na DUMU-šu id-dan
36 ù ha-di-ma am-mar iz-bi-lu-ú-ni
37 AN-NA ṣar-pa KÙ-GI ša la a-ka-a-le
38 SAG-DU-ma i-laq-qé
39 a-na ša a-ka-le la-a i-qar-ri-ib

40 šum-ma LÚ a-na É e-me-šu
41 zu-bu-ul-la-a iz-bíl ù DAM-su
42 me-ta-at DUMU-MÍ-MEŠ e-mi-šu
43 i-ba-áš-ši ha-di-ma e-mu
44 DUMU-MÍ e-mi-šu ki-i DAM-šu me-et-te
45 eh-ha-az ù ha-di-ma
46 KÙ-BABBAR ša id-di-nu-ú-ni i-laq-qé
47 lu-ú ŠE-am lu-ú UDU-MEŠ lu-ú mìm-ma
48 ša a-ka-le la-a id-du-nu-ni-šu
49 KÙ-BABBAR-ma i-mah-ha-ar

50 šum-ma MÍ i+na É a-bi-ša-ma us-bat
51 ⌜ù?⌝ nu-[d]u-[n]u-ša ta-ad-na-at
52 lu-ú a-[na] É e-mi-ša la-qé-a-at
53 lu-ú la-a la-qé-a-at hu-bu-ul-li
54 ⌜ar-na⌝ ù [hi]-i-ṭa ša-a mu-ti-ša
55 [t]a-n[a]-áš-ši

56 [šum-ma] MÍ i+na ⌜É⌝ [a]-bi-ša-ma us-bat
57 [mu-u]s-sa [me-e-e]t ù DUMU-[MEŠ-šu]
58 [i-ba]-áš-ši [a-šar pa-nu-ša-a?-ni]
59 [i+na] ⌜É⌝-šu-[nu tu-ú-uš-ša-ab]
60 [šum-ma DUMU-MEŠ-š]a [l]a-á[š-šu e-mu-ša]
61 [a-na DUMU š]a lìb-[bi-šu i-id-dan-ši]
62 [...]
63 [...]
64 [...]
65 ù h[a-di-m]a a-n[a] ⌜e⌝-mi-ša
66 a-na a-h[u-ze]-te i-id-dan-ši
67 šum-ma m[u-us]-sa ù e-mu-ša
68 me-e-tu-[ma] ù DUMU-ša la-áš-šu
69 al-ma-at-[tu] ši-i-it
70 a-šar ha-di-<a>-[t]u-ú-ni ta-al-lak

71 šum-ma LÚ a[l-m]a-at-tu e-ta-ha-az
72 ri-ka-sa la-a ra-ki-i-is$_5$
73 2 MU-MEŠ i+n[a] É-šu us-bat
74 DAM ši-i-it la-a tu-uṣ-ṣa

šum-ma MÍ-*al-ma-at-tu*
a-na É LÚ *te-ta-ra-ab*
mi-im-ma am-mar na-ṣa-tu-ú-ni
gab-bu ša-a mu-ti-ša
ú šum-ma LÚ *a-na* UGU MÍ *e-ta-rab*
mi-im-ma am-mar na-aṣ-ṣu-ú-ni
gab-bu ša-a MÍ

šum-ma MÍ *i+na* É *a-bi-ša-ma us-bat*
lu-ú mu-us-sa É *a-na ba-at-te*
ú-še-ši-ib-ši
ù mu-us-sà a-na A-ŠÀ *i-it-ta-lak*
la-a IÀ-GIŠ *la-a* SÍG-MEŠ *la-a lu-bu-ul-ta*
la-a ú-ku-ul-la-a
la-a mi-im-ma e-zi-ba-áš-še
la-a mi-im-ma šu-bu-ul-ta
iš-tu A-ŠÀ *ú-še-bi-la-áš-še*
MÍ *ši-i-it* 5 MU-MEŠ *pa-ni mu-ti-ša*
ta-da-gal a-na mu-te la-a tu-uš-šab
šum-ma DUMU-MEŠ-*ša i-ba-áš-ši*
in-na-gu-ú-ru ù e-ek-ku-lu
MÍ *mu-us-sa tu-ú-qa-a*
a-na mu-te la-a tu-uš-šab
šum-ma DUMU-MEŠ-*ša la-áš-šu*
5 MU-MEŠ *mu-us-sa tu-qa-'-a*
6 MU-MEŠ *i+na ka-ba-a-si*
a-na mu-ut lìb-bi-ša tu-uš-šab
mu-us-sà i+na a-la-ki la-a i-qar-ri-ba-še
a-na mu-ti-ša ur-ke-e za-ku-at
šum-ma a-na qa-at 5 MU-MEŠ
ú-hi-ra-an-ni i+na ra-mi-ni-šu
la-a ik-kal-ú-ni lu-ú qa-a-li
iṣ-ba-at-sú-ma in-na-bi-[*it*]
lu-ú ki-i sa-ar-[*te*]
ṣa-bi-it-ma ú-ta-ah-[*hi-ra*]

KAVI V

i+na a-la-ki ú-ba-a-a[*r*]
MÍ *ša ki-i* DAM-*šu id-dan*
ù DAM-*su i-laq qé*
ù šum-ma LUGAL *a-na ma-a-te*
ša-ni-te-em-ma il-ta-pár-šu
a-na qa-at 5 MU-MEŠ *ú-tah-hi-ra*
DAM-*su tu-qa-a-šu a-na mu-te*
la tu-uš-šab ù šum-ma i+na pa-ni
5 MU-MEŠ *a-na mu-te ta-t*[*a-š*]*a-ab*

10 ù ta-at-ta-la-ad
11 mu-us-sa i+na a-la-a-ki
12 aš-šum ri-ik-sa la-a tu-qa-i-ú-ni
13 ù ta-na-hi-zu'-ú-ni a-na šu-a-ša
14 ù li-da-ni-ša-ma i-laq-qé-šu-nu

15 šum-ma LÚ DAM-su e-ez-zi-ib
16 lìb-bu-šu-ma mìm-ma id-da-na-áš-še
17 la-a lìb-bu-šu-ma mi-im-ma
18 la-a id-da-na-áš-še
19 ra-qu-te-e-ša tu-ú-uṣ-ṣa
20 šum-ma MÍ i+n[a] É a-bi-ša-ma us-bat
21 ù mu-u[s]-sa e-te-zi-ib-ši
22 du-ma-qé ša-a šu-ut-ma iš-ku-nu-ši-ni
23 i-laq-qé a-na te-er-he-te
24 ša-a ub-lu-ú-ni la-a i-qar-rib
25 a-na MÍ za-a-ku

26 šum-ma LÚ la-a DUMU-MÍ-su a-na mu-te
27 it-ti-din šum-ma pa-ni-ma
28 a-bu-ša hab-bu-ul ki-i ša-pár-te
29 še-šu-bat um-mi-a-nu pa-ni-ú
30 it-tal-ka i+na UGU ta-di-na-a-ni
31 ša-a MÍ ŠÀM MÍ i-šal-lim
32 šum-ma a-na ta-da-a-ni [l]a-áš-šu
33 LÚ ta-di-na-na i-laq-qé
34 ù šum-ma i+na lum-ni ba[l]-ṭa-at
35 a-na mu-bal-li-ṭa-ni-š[a za]-ku-at
36 ù šum-ma LÚ a-hi-za-a-[nu ša]-a MÍ
37 lu-ú ṭup-pa ul-ta-ṭa-[ru]-⸢ú⸣-šu
38 ù lu-ú ru-gu-u[m-ma-n]a-a
39 ir-ti-⸢ši⸣-ú-n[i-ì]š-šu
40 ŠAM MÍ ú-[šal-lam]
41 ù ta-di-na-a-nu [za-a-ku]

42 lu-ú DAM-MEŠ LÚ lu-⸢ú⸣ [al-ma-na-te]
43 ù lu-ú MÍ-MEŠ [aš-šu-ra-ia-a-te]
44 ša a-na re-be-te u[ṣ-ṣa-a-ni]
45 SAG-DU-si-na [la-a pa-at-tu]
46 DUMU-MÍ-MEŠ LÚ [...]
47 lu-ú TÚG-ša-re-[eš-tu]
48 lu-ú TÚG-HI-A lu-[ú TÚG-...]
49 pa-aṣ-[ṣu-ú-na-a]
50 SAG-DU-si-na [la-a pa-at-tu]
51 lu-ú a[l-ma-na-te]
52 lu-ú [DAM-MEŠ LÚ]
53 [lu]-ú [aš-šu-ra-ia-a-te]
54 [...]
55 [la-a up]-⸢ta-aṣ⸣-ṣa-[na-ma]
56 i+na U$_4$-mi i+na ri-be-te ⸢e⸣-[di-iš]

57 il-la-ka-a-ni up-ta-ṣ[a-na-ma]
58 e-si-ir-tu ša iš-tu NIN-[ša]
59 i+na re-be-e-te tal-lu-ku-ú-⸢ni⸣
60 pa-aṣ-ṣu-ú-na-at
61 qa-di-il-tu ša mu-tu ih-zu-ši-ni
62 i+na re-be-e-te pa-ṣu-na-at-ma
63 ša-a mu-tu la-a ih-zu-ši-i-ni
64 i+na re-be-te SAG-DU-sa pa-at-tu
65 la-a tu-up-ta-aṣ-ṣa-an
66 KAR-LÍL la-a tu-up-ta-aṣ-ṣa-an
67 SAG-DU-sa pa-at-tu
68 ša KAR-LÍL pa-aṣ-ṣu-un-ta
69 e-tam-ru-ú-ni i-<ṣa>-ba-as-si
70 LÚ-MEŠ še-bu-te i-ša-ak-ka-an
71 a-na pi-i É-GAL-lì ub-ba-la-a-ši
72 šu-ku-ut-ta-ša la-a i-laq-qé-ú
73 lu-bu-ul-ta ṣa-bi-ta-áš-ša
74 i-laq-qé
75 50 i+na GIŠ-GIDRI-MEŠ i-mah-ṣu-ú-ši
76 qi-ra a-na SAG-DU-ša i-tab-bu-ku
77 ù šum-ma LÚ KAR-LÍL pa-ṣu-un-ta
78 e-ta-mar-ma ú-ta-àš-šir
79 a-na pi-i É-GAL-lì la-a ub-la-áš-ši
80 LÚ šu-a-tu
81 50 i+na GIŠ-GIDRI-MEŠ i-mah-hu-ṣu-uš
82 ba-ti-qa-an-šu lu-bu-ul-tu-šu
83 i-laq-qé
84 uz-né-šu ú-pal-lu-ú-šu
85 i+na eb-li i-ša-ak-ku-ku
86 i+na ku-tal-li-šu i-ra-ak-ku-su
87 1 ITU U_4-MEŠ-te ši-pár LUGAL e-pa-áš
88 GEMÉ-MEŠ la-a up-ta-ṣa-na-ma
89 ša GEMÉ pa-su-un-ta e-tam-ru-ú-ni
90 i-ṣa-ba-ta-aš-ši
91 a-na pi-i É-GAL-lì ub-ba-la-áš-ši
92 uz-né-ša ú-na-ku-ú-su
93 ṣa-bi-ta-an-ša TÚG-HI-A-ša i-laq-qé
94 šum-ma LÚ GEMÉ pa-ṣu-un-ta
95 e-ta-mar-ši-ma ú-ta-aš-šir
96 la-a i-iṣ-ṣa-ab-ta-áš-ši
97 a-na pi-i É-GAL-lì la-a ub-la-áš-ši
98 ub-ta-e-ru-ú-uš
99 uk-ta-i-nu-ú-uš
100 50 i+na GIŠ-GIDRI-MEŠ i-mah-hu-ṣu-uš
101 uz-né-šu ú-pal-lu-šu
102 i+na eb-li i-ša-ak-ku-ku
103 ⸢i+na ku-tal⸣-li-šu i-ra-ak-ku-sú
104 [ba-ti]-⸢qa⸣-an-šu
105 TÚG-HI-A-šu [i-l]aq-qé
106 1 ITU U_4-MEŠ ši-pár [LUGAL] e-pa-áš

KAV1 VI

1 šum-ma LÚ e-si-ir-tu-šu ú-p[a]-ṣa-an
2 5 6 tap-pa-e-šu ú-še-šab
3 a-na pa-ni-šu-nu ú-pa-ṣa-an-ši
4 ma-a DAM-ti ši-i-it i-qa-ab-bi
5 DAM-su ši-i-it
6 MÍ-e-si-ir-tu ša a-na pa-ni ERÍN-MEŠ
7 la-a pa-ṣu-nu-tu-ú-ni
8 mu-us-sa la-a iq-bi-ú-ni
9 ma-a DAM-ti ši-it la-a áš-ša-at
10 e-si-ir-tu-ú-ma ši-i-it
11 šum-ma LÚ me-e-et DUMU-MEŠ DAM-šu
12 pa-ṣu-un-te la-áš-šu DUMU-MEŠ és-ra-a-te
13 DUMU-MEŠ šu-nu HA-LA i-laq-qé-ú

14 šum-ma LÚ i+na U_4-mi ra-a-ki
15 IÀ-GIŠ a-na SAG-DU DUMU-MÍ LÚ it-bu-uk
16 lu-ú i+na ša-ku-ul-te
17 hu-ru-up-pa-a-te ú-bi-il
18 tu-ur-ta la-a ú-ta-ar-ru

19 šum-ma LÚ lu-ú IÀ-GIŠ a-na SAG-DU it-bu-uk
20 lu-ú hu-ru-up-pa-a-te ú-bíl
21 DUMU ša DAM-ta ú-di-ú-ni-šu-ni
22 lu-ú me-e-et lu-ú in-na-bi-it
23 i+na DUMU-MEŠ-šu re-ha-a-te
24 iš-tu UGU DUMU GAL-e a-di UGU DUMU
25 ṣe-eh-ri ša-a 10 MU-MEŠ-šu-ni
26 a-na ša ha-di-ú-ni i-id-dan
27 šum-ma a bu me-et ù DUMU ša DAM-ta
28 ú-ud-di-ú'-ni-šu-ni me-e-et-ma
29 DUMU DUMU-e me-e-te ša 10 MU-MEŠ-šu-ni
30 i-ba-áš-ši ih-ha-az-ma
31 šum-ma a-na qa-a-at 10 MU-MEŠ
32 DUMU-MEŠ DUMU-e ṣe-eh-hi-ru
33 a-bu ša DUMU-MÍ ha-di-ma DUMU-MÍ-su id-dan
34 ù ha-di-i-ma tu-ur-ta
35 a-na mi-it-ha-ar ú-ta-ar
36 šum-ma DUMU la-áš-šu am-mar im-hu-ru-ú-ni
37 NA_4 ù mi-im-ma ša la a-ka-li
38 SAG-DU-ma ú-ta-ar
39 ù ša-a a-ka-li la-a ú-tar

40 šum-ma LÚ-aš-šu-ra-a-iu-ú
41 ù šum-ma MÍ-aš-šu-ra-i-tu
42 ša ki-i ša-pár-te am-mar ŠÀM-šu i+na É LÚ
43 us-bu-ú-ni a-na ŠÀM ga-me-er la-qé-ú-ni

44 i-na-aṭ-ṭu i-ba-aq-qa-an
45 uz-né-šu ú-hap-pa ú-pal-la-áš

46 [šum-m]a MÍ ta-ad-na-at
47 [ù] mu-us-sa na-ak-ru il-te-qé
48 e-mu-ša ù DUMU-ša la-áš-šu
49 2 MU-MEŠ pa-ni mu-ti-ša ta-da'-gal
50 i+na 2 MU-MEŠ an-na-te šum-ma ša a-ka-le
51 [l]a-[áš]-šu tal-la-ka-ma ta-qa-ab-bi
52 [šum-ma] ⌜a⌝-la-i-tu ša É-GAL-lì ši-i-it
53 [É-GA]L-ša ú-ša-kal-ši
54 [ši-pa]-ar-šu te-ep-pa-áš
55 [šum-ma DAM ša-a] hu-ub-še ši-i-it
56 [... ú]-⌜ša⌝-[kal]-ši
57 [ši-pa-ar-šu te-ep-pa-áš]
58 ù [šum-ma mu-us-sa i+na URU-šu]
59 A-ŠÀ ù [É il-li-ik]
60 tal-la-ka-[ma a-na LÚ-DI-KU$_5$-MEŠ ta-qa-ab-bi]
61 ma a-na a-ka-[a-li la-áš-šu]
62 LÚ-DI-KU$_5$-MEŠ [ha-z]i-a-na GAL-MEŠ ša-a URU
63 i-ša-'-ú-lu
64 ki-i A-ŠÀ i+na URU šu-a-tu il-lu-ku-ú-ni
65 A-ŠÀ ù É a-na ú-ku-la-i-ša
66 ša 2 MU-MEŠ ú-up-pu-šu
67 i-id-du-nu-né-eš-še
68 us-bat ù ṭup-pa-ša i-šaṭ-ṭu-ru
69 2 MU-MEŠ tu-ma-al-la a-na mu-ut lìb-bi-ša
70 tu-ú-uš-ša-ab
71 ṭup-pa-ša ki-i al-ma-te-ma i-šaṭ-ṭu-ru
72 šum-ma i+na ar-kàd U$_4$-MEŠ mu-us-sa
73 hal-qu a-na ma-a-te it-tu-ú-ra
74 DAM-su ša a-na ki-i-di
75 ah-zu-tu-ú-ni i-laq-qé-áš-ši
76 a-na DUMU-MEŠ ša a-na mu-ti-ša ur-ki-e
77 ul-du-tu-ú-ni la-a i-qar-rib
78 mu-us-sa-ma ur-ki-ú i-laq-qé
79 A-ŠÀ ù É ša ki-i ú'-kul-la-i-ša
80 a-na ŠÀM ga-me-er
81 a-na ki-i-di ta-di-nu-ú-ni
82 šum-ma a-na dan-na-at LUGAL la-a e-ru-ub
83 ki-i ta-ad-nu-ni-ma id-dan
84 ù i-laq-qé
85 ù šum-ma la-a it-tu-ú-ra
86 i+na ma-a-te ša-ni-te-em-ma me-e-et
87 A-ŠÀ-šu ù É-su a-šar LUGAL
88 id-du-nu-ú-ni i-id-dan

89 šum-ma MÍ ša mu-us-sa me-tu-ú-ni
90 mu-us-sa i+na mu-a-te iš-tu É-ša
91 la-a tu-ú-uṣ-ṣa

92 šum-ma mu-sa mìm-ma la-a il-ṭu-ra-áš-še
93 i+na É DUMU-MEŠ-ša a-šar pa-nu-ša-a-ni
94 tu-ú-uš-ša-ab
95 DUMU-MEŠ mu-ti-ša ú-ša-ku-lu-ú-ši
96 ú-kúl-la-a-ša ù ma-al-ti-sa
97 ki-i kal-le-te ša-a i-ra-'-mu-ši-ni
98 i-ra-ak-ku-su-ni-ìš-še
99 šum-ma ur-ki-it-tu ši-i-it
100 DUMU-MEŠ-ša la-aš-šu
101 iš-tu il-te-en tu-ú-uš-šab
102 a-na pu-uh-ri-šu-nu ú-ša-ku-lu-ši
103 šum-ma DUMU-MEŠ-ša i-ba-aš-ši
104 DUMU-MEŠ pa-ni-te a-na ša-ku-li-i-ša
105 la-a i-ma-gu-ru i+na É DUMU-MEŠ
106 ra-mi-ni-ša a-šar pa-nu-ša-a-ni
107 tu-uš-šab DUMU-MEŠ ra-mi-ni-ša-ma
108 ú-ša-ku-lu-ši ù ši-pár-šu-nu te-pa-áš
109 ù šum-ma i+na DUMU-MEŠ mu-ti-ša-a-ma
110 ša-a e-hu-zu-ši-ni i-[ba-aš]-ši
111 [a-hi-za-an]-⸢ša-ma⸣ [ú-ša-kal-ši]
112 [DUMU-MEŠ-ša-ma la]-a ú-[š]a-ku-lu-ši

KAV1 VII

1 šum-ma lu-ú LÚ lu-ú MÍ
2 kiš-pe ú-up-pi-šu-ma
3 i+na qa-ti-šu-nu iṣ-ṣa-ab-tu
4 ub-ta-e-ru-šu-nu
5 uk-ta-i-nu-šu-nu
6 mu-up-pi-ša-na ša kiš-pe i-duk-ku
7 LU ša-a kiš-pe e-pa-a-ša
8 e-mu-ru-ú-ni i+na pi-i
9 a-mì-ra-a-né ša-a kiš-pe
10 iš-me-ú-ni ma a-na-ku a-ta-mar
11 iq-bi-áš-šu-un-ni
12 ša-mì-a-nu i-il-la-ka
13 a-na LUGAL i-qa-ab-bi
14 šum-ma a-mì-ra-a-nu ša a-na LUGAL
15 iq-bi-ú-ni it-te-ke-er
16 a-na pa-ni ^{d}GUD-DUMU-^{d}UD i-qa-bi
17 ma-a šum-ma la-a iq-bi-an-ni za-a-ku
18 a-mì-ra-a-nu ša iq-bi-ú-ni
19 ù ik-ki-ru-ú-ni
20 LUGAL ki-i i-la-'-ú-ni
21 il-ta-na-'-al-šu
22 ù ku-tal-lu-šu e-em-mar
23 LÚ-a-ši-pu i+na U_4-mi ul-lu-lu'-ú-ni

24 LÚ *ú-ša-aq-ba*
25 *ù šu-ut i-qa-ab-bi*
26 *ma-a ma-mi-ta ša a-na* LUGAL
27 *ù* DUMU-*šu ta-am-ʼ-a-ta-ni*
28 *lu-u i-pu-šu-ru-ku-nu ki-i pi-i*
29 *ṭup-pe-ma ša a-na* LUGAL *ù* DUMU-*šu*
30 *ta-am-ʼ-ta-a-ni*
31 *ta-am-ʼ-a-ta*

32 *šum-ma* LÚ DUMU-MÍ LÚ-*hab-bu-li-šu*
33 *ša-a ki-i hu-bu-ul-li*
34 *i+na* É-*šu us-bu-tu-ú-ni*
35 *a-bu-ša i-ša-ʼ-a-al*
36 *a-na mu-te i-id-da-an-ši*
37 *šum-ma a-bu-ša la ma-gir la-a id-dan*
38 *šum-ma a-bu-ša me-e-et*
39 1-*en i+na* ŠEŠ-MEŠ-*ša i-ša-ʼ-a-al*
40 *ù šu-ut a-na* ŠEŠ-MEŠ-*ša i-qab-bi*
41 *šum-ma* ŠEŠ *i-qa-ab-bi*
42 *ma-a a-ha-ti a-di* 1 ITU U_4-MEŠ *a-pa-ṭar*
43 *šum-ma a-di* 1 ITU U_4-MEŠ *la-a ip-ta-ṭar*
44 EN KÙ-BABBAR *ha-di-ma ú-zak-ka-a-ši*
45 *a-na m*[*u-t*]*e*$^{?}$ *i-id-dan-ši*
46 [*ù ha-di-ma a-na*] *pi-i*
47 [*ṭup-pi-šu a-na* KÙ-BABBAR *i-id*]*-dan-ši*
48 [...]*-ši*
49 [...]-[*š*]*u*
50 [...*-š*]*u-nu*
51 [...]-x-*šu-nu*
52 [...]*-šu*
53 [...]
54 [...]
55 [*k*]*i-i* [...]
56 [*k*]*i-i* ŠEŠ x [x] x x [...]
57 *ù šum-ma* KAR-LÍL *mé-ta-at*
58 [*aš*]*-šum* ŠEŠ-MEŠ-*ša*
59 [*i*]*-qa-ab-bi-ú-ni*
60 [DUMU$^{?}$-ME]Š$^{?}$-*ša ki-i* ŠEŠ HA-LA
61 [*iš-tu*] ŠEŠ [*u*]*m*$^{?}$*-mi-šu-*⌜*nu*⌝
62 [*i-zu-u*]*z-zu*

63 [*šum-ma* LÚ DAM LÚ *i*]*m-ha-a*[*ṣ*]*-ma*
64 [*ša-a lìb-bi-ša ú-ša-ad-di*]*-ši*
65 [DAM *ša-a* LÚ *ša* DAM*-a*]*t* LÚ
66 *š*[*a-a lìb-bi-ša ú-ša-ad-di-ú*]*-ni*
67 ⌜*ú*⌝ [*ki-i* ... *e-pu-š*]*u-ši*
68 *e-pu-*[*šu-ši ki-mu-ú ša*]*-a lìb-bi-ša*
69 *nap-ša-a-te ú-*[*m*]*a-al-la*
70 *ù šum-ma* MÍ *ši-it mé-ta-at*
71 LÚ *i-du-uk-ku*

72 *ki-i-mu-ú ša-a lìb-bi-ša*
73 *nap-ša-a-te ú-ma-al-la*
74 *ù šum-ma ša-a mu-ut* MÍ *ši-a-ti*
75 DUMU-*šu la-áš-šu* DAM-*su*
76 *im-hu-ṣu-ú-ma ša lìb-bi-ša*
77 *ta-aṣ-li*
78 *ki-mu-ú ša lìb-bi-ša*
79 *ma-hi-ṣa-a-na i-du-uk-ku*
80 *šum-ma ša lìb-bi-ša ṣu-ha-ar-tu*
81 *nap-ša-a-te-ma ú-ma-al-la*

82 *šum-ma* LÚ DAM-*at* LÚ
83 *la-a mu-ra-bi-ta im-ha-aṣ-ma*
84 *ša-a lìb-bi-ša ú-šá-aṣ-li-ši*
85 *hi-i-ṭu an-ni-ú*
86 2 GÚ-UN AN-NA *i-id-dan*

87 *šum-ma* LÚ KAR-LÍL *im-ha-aṣ-ma*
88 *ša lìb-bi-ša ú-ša-aṣ-li-ši*
89 *mi-ih-ṣi ki-i mi-ih-ṣi*
90 *i-ša-ak-ku-ú-nu-uš*
91 *nap-šá-a-te ú-ma-al-la*

92 *šum-ma* MÍ *i+na ra-mi-ni-ša*
93 *ša lìb-bi-ša ta-aṣ-ṣi-li*
94 *ub-ta-e-ru-ú-ši*
95 *uk-ta-i-nu-ú-ši*
96 *i-na* GIŠ-MEŠ *i-za-qu-pu-ú-ši*
97 *la-a i-qa-ab-bi-ru-ši*
98 *šum-ma ša-a lìb-bi-ša*
99 *i+na ṣa-li-e mé-ta-a-at*
100 *i+na* GIŠ-MEŠ *i-za-qu-pu-ú-ši*
101 *la-a i-qa-ab-bi-ru-ši*
102 *šum-ma* MÍ *ši-it ki-i ša lìb-bi-ša*
103 [*t*]*a*-[*a*]*ṣ-li-ú-ni*
104 [*ú/tu/up-ta/pa*]*-zi-ru-ú-ši*
105 [... *la-a*] *iq-bi-ú*
106 [...]*-me*
107 [...]*-te*
108 [...]
109 [...]
110 [...]
111 [...]
112 [...]
113 [...]
114 [...]

KAV1 VIII

1 [...] *la-áš-šu*
2 [...]-MEŠ
3 [...]-⌜*ú*⌝-*ni*
4 [... *l*]*u-ú* GEMÉ-MEŠ
5 [...]-*aṣ*

6 [*šum-ma* LÚ DUMU-MÍ L]Ú *ba-tu-ul-ta*
7 [*ša i+na* É *a*]-*bi-i-ša*
8 [*us-bu*]-*tu-ú-ni*
9 [x-x]-*ša la-a ú-tar-ri-šu-ni*
10 [x-x]-*qa la-a pa-te-a-tu-ú-ni*
11 *la-a ah-za-tu-ú-ni*
12 *ù ru-gu-um-ma-na-a*
13 *a-na* É *a-bi-i-ša*
14 *la-a ir-ši-ú-ni*
15 LÚ *lu-ú i+na lìb-bi* URU
16 *lu-ú i+na ṣe-e-ri*
17 *lu-ú i+na mu-še i+na re-be-e-te*
18 *lu-ú i+na* É-*qa-re-e-te*
19 *lu-ú i+na i-si-ni a-li*
20 LÚ *ki-i da-'-a-ni*
21 MÍ-*ba-tul-ta iṣ-ba-at-ma*
22 *ú-ma-an-zi-e-'-ši*
23 *a-bu ša* MÍ-*ba-tu-ul-te*
24 DAM-*at na-i-ka-a-na*
25 *ša* MÍ-*ba-tul-te i-laq-qé*
26 *a-na ma-an-zu-ú-'-e*
27 *i-id-da-an-ši*
28 *a-na mu-ti-ša la-a ú-tar-ši*
29 *i-laq-qé-si*
30 *a-bu* DUMU-MÍ-*su ni-ik-ta*
31 *a-na na-i-ka-ni-ša*
32 *ki-i a-hu-ze-te i-id-dan-ši*
33 *šum-ma* DAM-*su la-áš-šu*
34 3-*a-te* KÙ-BABBAR ŠÀM *ba-tu-ul-te*
35 *na-i-ka-a-nu a-na a-bi-ša id-dan*
36 *na-i-ka-an-ša ih-ha-a-si*
37 *la-a i-sa-ma-ak-ši*
38 *šum-ma a-bu la-a ha-a-de*
39 KÙ-BABBAR 3-*a-te ša* MÍ-*ba-tul-te*
40 *i-ma-har* DUMU-MÍ-*su*
41 *a-na ša ha-di-ú-ni i-id-dan*

42 *šum-ma* MÍ-*ba-tul-tu ra-ma-an-ša*
43 *a-na* LÚ *ta-at-ti-din*
44 LÚ *i-tam-ma a-na* DAM-*ti-šu*

45 *la-a i-qar-ri-i-bu*
46 3-*a-te* KÙ-BABBAR ŠÀM *ba-tu-ul-te*
47 *na-i-ka-a-nu i-id-da*[*n*]
48 *a-bu* DUMU-MÍ-[*su*]
49 *ki-i ha-di-ú-ni e-ep-p*[*a-aš/áš*]

50 *lu-ú ma-ha-ṣu lu-ú* ⌜*a*⌝-[...]
51 [*ša-a* DA]M-*at* L[Ú ...]
52 [*ša i+na ṭup*]-*pi šaṭ-ru*-[*ú-ni*]
53 [...]

54 *i+na hi-ṭa-a-ni gab*-[*bi lu-ú na-pa-li lu-ú*]
55 *na-ka-a-si š*[*a-a* DAM-*at* LÚ]
56 *ù kál/gal/qal-lu li-di-e*-[*ma* ...]
57 *ki-i ša-a* [*i+na ṭup-pi šaṭ-ru-ú-ni*]

58 *uš-šar hi-ṭa-a-ni ša*-[*a* DAM-*at* LÚ]
59 *ša i+na ṭup-pi* [*šaṭ-ru-ú-ni*]
60 LÚ DAM-*su* [*i+na-aṭ-ṭu*]
61 *i-ba-qa-an u*[*z-né-ša*]
62 *ú-hap-pa ú-la*-[*ap-pat*]
63 *a-ra-an-šu la-áš-š*[*u*]

64 ITU *šá-sa-ra-a-te* U_4 2-K[AM]
65 *li-mu* ^{I}*sa*-⌜*gi*⌝-*ú*

KAV2 II

1 [*šum-ma* ŠEŠ-MEŠ É *a-bi-šu-nu i-zu-zu ki*]-*ra-a-te*
2 [*ù bu-ra-a-te i+n*]*a*! *qa-qi-ri*
3 [... -DUMU GAL]-*u* 2 *qá-ā-tá*
4 [...] *i-na-sa-aq*
5 [*i*]-*laq-qe*
6 *ù* ŠE[Š]-MEŠ-*šu ur-ki a-ha-iš*
7 *i-na-su-qu i-laq-qé-ú*
8 *i+na* A-ŠÀ *ši-luh-li mi-im-ma*
9 *ù ma-na-ha-a-te gab-be*
10 DUMU-*ú ṣe-eh-ru ús-sa-aq*
11 DUMU GAL-*ú* 1 *qa-a-ta*
12 *i-na-sa-aq i-laq-qé*
13 *ù ša ša-ni-te qa-ti-šu*
14 *iš-tu* ŠEŠ-MEŠ-*šu pur-šu i-ṣa-al-li*

15 *šum-ma* LÚ *i+na* ŠEŠ-MEŠ *la ze-zu-ú-te*
16 *nap-ša-a-te ig-mu-ur*
17 *a-na* EN *nap-ša-a-te i-du-nu-uš*
18 *pa-nu-šu-ma* EN *nap-ša-a-te*

19 *i-du-ak-šu ù pa-nu-šu-ma*
20 *im-ma-an-ga-ar*
21 [*ù*] HA-LA-*šu i-laq-qe*

22 [*šum-m*]*a* LÚ *i+na* ŠEŠ-MEŠ
23 [*la*]-⸢*a*⸣ *ze-zu-ú-te ṭip-pi-la-ta*
24 [*iq*]-*bi ù lu-ú in-na-bi-it*
25 [*ù*] HA-LA-*šu* LUGAL
26 [*ki*]-*i li-ib-bi-i-šu*

27 [*šum-ma*] ŠEŠ-MEŠ *i+na* A-ŠÀ *la-a ze-e-ze*
28 [1-*en* ŠE]Š *i+na lìb-bi-šu-nu*
29 [...] ŠE-NUMUN *iz-ru*
30 [...] ⸢A⸣-ŠÀ *e-ru-uš*
31 [ŠEŠ *ša-ni-u*]*m-ma it-tal-ka*
32 [ŠE *me-re*]-*e-še ša* ŠEŠ-*šu*
33 [*i+na*] *ša-nu-te-šu*
34 [*il-qé ub*]-*ta-e-ru-uš*
35 [*uk-ta*]-⸢*i*⸣-*nu-uš*
36 [*i+na* U_4 *šu-ut il-l*]*a-ka-an-ni*
37 [ŠEŠ *ša* A-ŠÀ] ⸢*e*⸣-*ru-šu-ni*
38 [HA-LA-*šu*] ⸢*i*⸣-*laq-qé*

39 [*šum-ma* ŠEŠ-MEŠ *i+na* A-ŠÀ *la-a*] *ze-e-ze*
40 [1-*en* ŠEŠ *i+na lìb-bi*]-*šu-nu*
41 [... *im-ha*]-*aṣ*
42 [...]-x-*ma*
43 [ŠEŠ *ša-ni-um-ma it-tal*]-*ka*
44 [...]-*li*
45 [...-*n*]*i*?
46 [...]-*ut*
47 [...]-x

KAV2 III

1 [...-*l*]*a-a*
2 *a-na* KÙ-BABBAR [*i-la-aq*]-*qe*
3 *ú-di-ni* ⸢A⸣-[ŠÀ *ù*] É
4 *a-na* KÙ-BABBAR *la-a* [*i-laq-q*]*e-ú-ni*
5 1 ITU U_4-MEŠ-*te*' L[Ú-*í*]*l* 3-*šu*
6 *i+na lìb-bi* URU-^{d}*a-šur ú-sa-ás-sa*
7 3-*šu-ma i+na* ŠÀ URU A-ŠÀ *ù* É
8 *ša-a i-laq-qe-ú-ni ú-sa-ás-sa*
9 *ma-a* A-ŠÀ *ù* É
10 *ša-a an-na* DUMU *an-na-na*
11 *i+na* A-GÀR URU *an-ni-e*
12 *a-na* [KÙ-BABBAR] ⸢*a*⸣-*la-aq-qe*

13 *ša-a* [*l*]*a-qa-šu-nu*
14 *ù d*[*a-b*]*a-a-ab-šu-nu*
15 *i-ba-áš-ši-ú-ni*
16 *ṭup-pa-te-šu-nu lu-še-*⌜*li-a*⌝*-nim-ma*
17 *a-na pa-ni qé-pu-ú-te liš-ku-nu*
18 *li-id-bu-bu lu-zak-k*[*i*]*-ú-ma*
19 *li-il-*⌜*qé*⌝*-ú*
20 *ša i+na* ITU U$_4$-MEŠ*-te an-na-a-te*
21 *ú-di-i-ni e-da-nu*
22 *la-a ma-ša-e ṭup-pa-te-šu-nu*
23 *it-ta-al ab'-lu-né-en-ni*
24 *a-na pa-ni qé-pu-ú-te*
25 *il-ta-ak-nu-ú-ni*
26 LÚ *a-na si-ir* A-ŠÀ*-šu*
27 *i-šal-lim i-laq-qé*
28 *i+na* U$_4$*-mi* LÚ-ÍL *i+na lìb-bi*
29 URU-^{d}*a-šur i-sa-si-ú-ni*
30 1 *i+na* SUKAL *ša pa-ni* LUGAL
31 DUB-SAR ⌜URU⌝ LÚ-ÍL
32 *ù qé-pu-tu ša* LUGAL *iz-za-zu*
33 *ša-a* URU A-ŠÀ *ù* É
34 *i-laq-qe-ú-ni*
35 *ha-zi-a-nu* 3 GAL-MEŠ *ša* URU *iz-za-zu*
36 LÚ-ÍL*-ma ú-sa-su-ú*
37 *ṭup-pa-te-šu i-šaṭ-ṭu-ru*
38 *i-id-du-nu*
39 *ma-a i+na* 1 ITU U$_4$-MEŠ*-te an-na-a-te*
40 3*-šu* LÚ-ÍL *is-si-si*
41 *ša i+na* 1 ITU U$_4$-MEŠ*-te an-na-te*
42 *ṭup-pu-šu la-a it-tab-la-an-ni*
43 *a-na pa-ni qé-pu-ú-te*
44 *la-a il-tàk-nu-ú-ni*
45 *i+na* A-ŠÀ *ù* É *qa-sú e-li*
46 *a-na mu-ša-aš-ši-ú-ni*
47 *ša-a* LÚ-ÍL *za-a-ku*
48 3 *ṭup-pa-a-te ša sa-su* LÚ-ÍL
49 *ša* LÚ-DI-KU$_5$-MEŠ *i-ša-ṭu-ú-ru*
50 1 [*ṭup-pa qé-pu*]*-ú-tu*
51 [...]-x
52 [...]-x

KAV2 IV

1 *am-mar* [...]
2 *i-ra-*[*ag-gu-mu-ni*]
3 *a-na maš/par-*x-[...]
4 *ù* ŠÀM [É ...]

5 *iq-qu-ru-ú-*[*ni*]
6 2-*šu i+na* ŠÀM É [...]
7 *a-na* EN É *i-i*[*d-da-an*]
8 *a-na* 1 GÚ-UN AN-NA 5 [*i+na* GIŠ-GIDRI-MEŠ]
9 *i-mah-hu-ṣu-uš* 1 I[TU U_4-MEŠ-*te*]
10 *ši-pár* LUGAL *e-ep-pa-*[*áš*]

11 *šum-ma* LÚ *ta-hu-ú-ma* GAL-*a*
12 *ša-a tap-pa-i-šu ús-sa-am-me-eh*
13 *ub-ta-e-ru-uš*
14 *uk-ta-i-nu-uš*
15 A-ŠÀ *am-mar ú-sa-am-me-hu-ni*
16 3 TA-ÀM-*a-te i-id-dan*
17 1 *ú-ba-an-šu i-na-ak-ki-sú*
18 1 *me i+na* GIŠ-GIDRI-MEŠ *i-mah-hu-ṣu-uš*
19 1 ITU U_4-MEŠ-*te ši-pár* LUGAL *e-pa-áš*

20 *šum-ma* LÚ *ta-hu-ú-ma* TUR
21 *ša-a pu-ra-a-ni us-bal-ki-it*
22 *ub-ta-e-ru-uš*
23 *uk-ta-i-nu-uš*
24 1 GÚ-UN AN-NA *id-dan*
25 A-ŠÀ *am-mar ú-sa-me-hu-ú-ni*
26 3'-*ti id-dan* 50 GIŠ-GIDRI-MEŠ
27 *i-ma-ah-hu-ṣu-uš*
28 1 ITU U_4-MEŠ-*te ši-pár* LUGAL *e-pa-áš*
29 *šum-ma* LÚ *i+na la-a* A-ŠÀ-*šu* PÚ *ih-ri*
30 *du-un-na e-pu-u*[*š*]
31 *i+na* PÚ-*šu du-un-ni-*[*šu*]
32 *qa-a-su e-li* 30 GIŠ-[GIDRI-MEŠ]
33 *i-mah-hu-ṣu-u*[*š*]
34 20 U_4-MEŠ-*te ši-pár* LUGAL [*e-pa-áš*]
35 *sum-ma-hu ú-ga-a-*x [...]
36 *i+na ma-áš-šu-ú-t*[*u* ...]
37 *du-un-na* [...]
38 *i-tam-ma ma-a* [...]
39 *ma-a šum-ma* [...]
40 PÚ *la-*[*a* ...]
41 *ù du-*[*un-na la-a* ...]
42 EN A-Š[À ...]
43 *ka-pa-*[...]
44 *i+na* [...]
45 PÚ [...]
46 *ù* [...]
47 [...]

KAV2 V

1 *ik*[?]-[...]
2 *ù* [...]
3 *um-mi-*[*a-nu* ...]
4 *a-na e-*[*pi-ši* ...]
5 *ù lu-ú* [...]
6 *um-mi-a-nu* [...]
7 *ṭup-pa-tu* [...]
8 *ma-na-ah-ta* [...]
9 *a-na e-pi-*[*ši* ...]
10 A-ŠÀ *ši-in-*[...]
11 *a-na um-mi-a-ni* [...]
12 *i-na-ad-*[*din*]

13 *šum-ma* LÚ *i+na* A-ŠÀ *ša-a* [*tap-pa-i-šu*]
14 GIŠ-ŠAR *id-di* PÚ [*ih-ri*]
15 GIŠ-MEŠ *ú-ra-ab-*[*bi*]
16 EN A-ŠÀ *i-da-gal la-a* [*il-la-ka*]
17 GIŠ-ŠAR *a-na na-di-a-ni za-*[*a-ku*]
18 A-ŠÀ *ki-i* A-ŠÀ *a-na* EN GIŠ-ŠAR *i-na-*[*ad-din*]

19 *šum-ma* LÚ *i+na la-a qa-qí-ri-i-š*[*u*]
20 *lu* GIŠ-ŠAR *id-di lu-ú* PÚ *ih-ri*
21 *lu-ú ur-ki lu* GIŠ-MEŠ *ú-rab-bi*
22 *ub-ta-e-ru-uš*
23 *uk-ta-i-nu-uš*
24 *i+na* U$_4$*-mi* EN A-ŠÀ *il-la-ka-an-ni*
25 GIŠ-ŠAR *a-di ma-ni-ha-te-šu i-laq-qé*

26 *šum-ma* LÚ *i+na la-a qa-qí-ri-i-šu*
27 [*i*]*k-lu-šu-ma* SIG$_4$ *il-bi-in*
28 *ub-ta-e-ru-uš*
29 *uk-ta-i-nu-uš*
30 *qa-qa-ra* 3*-a-te i-id-da-an*
31 SIG$_4$-MEŠ*-šu i-laq-*[*q*]*é-ú*
32 50[?] *i+na* GIŠ-GIDRI-MEŠ *i-mah-hu-ṣu-uš*
33 [1 ITU U$_4$-MEŠ*-t*]*e ši-pár* LUGAL *e-pa-a-áš*

34 [*šum-ma* LÚ *i+na*] *la-a qa-qí-ri-i-šu*
35 [... SI]G$_4$ *il-bi-in*
36 [SIG4-MEŠ*-šu i*]*-laq-qé-ú*
37 [x *i+na* GIŠ-GIDRI-MEŠ *i-mah-h*]*u-*⸢*ṣu*⸣*-ú-uš*
38 [x ITU U$_4$-MEŠ*-te ši-pár* LUGAL] *e-ep-pa-*[*áš*]

KAV2 VI

1 [...] x la-a qa-[...]

2 [šum-ma i+na A-GÀR i+na lìb-bi [PÚ-MEŠ]
3 [A-MEŠ ša a]-na ši-i-qí
4 [a-na ša]-ka-a-ni
5 [il-l]u$^?$-ku-ú-ni i-ba-áš-ši
6 [EN]-MEŠ A-ŠÀ-HI-A iš-tu a-ha-iš
7 [iz]-za-zu LÚ a-na si-ir A-ŠÀ-šu
8 ši-ip-ra e-ep-pa-áš
9 A-ŠÀ-šu i-ša-aq-qé
10 ù šum-ma i+na lìb-bi-šu-nu
11 la-a ma-ag-ru-tu i-ba-áš-ši
12 ma-ag-ru ša lìb-bi-šu-nu
13 LÚ-DI-KU$_5$-MEŠ i-ša-'-a-al
14 ṭup-pa ša LÚ-DI-KU$_5$-MEŠ i-ṣa-bat
15 ù ši-ip-ra e-ep-pa-áš
16 A-MEŠ šu-na-a-tu-nu
17 a-na ra-mi-ni-šu i-laq-qé
18 A-ŠÀ-šu i-ša-aq-qé
19 ma-am-ma ša-ni-ú-um-ma
20 la-a i-ša-aq-qé

21 šum-ma A-MEŠ ša-a ^{d}IM
22 ša a-na ši-i-qí
23 a-na ša-ka-a-ni il-lu-ku-ú-ni
24 i-ba-aš-ši EN-MEŠ A-ŠÀ-HI-A
25 iš-tu a-ha-iš iz-za-a-zu
26 LÚ a-na si-ir A-ŠÀ-šu
27 ši-ip-ra e-ep-pa-áš
28 A-ŠÀ-šu i-ša-aq-qé
29 ù šum-ma i+na lìb-bi-šu-nu
30 la-a ma-ag-ru-tu i-ba-aš-ši
31 ù ma-ag-ru ša-a lìb-bi-šu-nu
32 ṭup-pa ša LÚ-DI-KU$_5$-MEŠ
33 a-na UGU la-a ma-ag-ru-ú-te
34 i-laq-qé
35 [ha-zi-a-nu] ⌜ù⌝ 5 GAL-MEŠ
36 [ša URU iz-za-a-zu]

KAV2 VII

1 [...] x
2 [x i+na GIŠ-GIDRI-MEŠ i-mah-hu]-ṣu-uš
3 [x ITU U$_4$-MEŠ-te ši-par LUGAL] e-pa-áš

4 [šum-ma LÚ A-ŠÀ] tap-pa-i-šu
5 [... e]-ra-a-áš
6 [...]-x-ú ik-la-šu
7 [...] ni-iš LUGAL
8 [iz-ku-ur-r]a-áš-su-ma e-ru-uš
9 [...] i+na U_4 i-it-tal-ka-an-ni
10 [e-ri]-ša-a-nu ša A-ŠÀ
11 [i+na t]u-ú-re-e-zi
12 [e-ṣ]i-id ut-ra-a-aq
13 [ŠE] a-na É-ha-ši-me i-tab-ba-ak
14 [ù IN-NU] a-na kur-di-iš-še ú-tar
15 [ki-i b]i-la-at A-ŠÀ ša-a URU
16 [2 na-a]p-pal-te-e-en
17 [a-na EN] ⌜A⌝-ŠÀ i-na-ad-di-in

18 [šum-ma] ⌜LÚ⌝ i+na la-a A-ŠÀ-šu
19 [...] x-ša it-ru-uh
20 [ta-hu]-ú-ma il-bi
21 [ku-dur]-ra ú-ka-ad-di-ir
22 [A-ŠÀ ...]-me iq-bi
23 [ub-ta-e-ru]-ú-uš
24 [uk-ta-i-nu-ú]-uš
25 [...]
26 [...]

KAV6 REC+KAV143

1 [...] EN-šu-nu [...]
2 [...]-nu ù šum-ma la-qé-a-nu [...]
3 [... ṭ]ar ša ap-ṭu?-ra-ni mi-[...]
4 [IR a-na x G]Ú-UN AN-NA GEMÉ u-nu 4 GÚ-UN AN NA [...]
5 [...] ù šum-ma ma!-hi-ra-nu i-qa-bi ma-⌜a⌝ [...]
6 [... a-n]a pa-ni DINGIR i-tam-ma ù am-mar i+na [...]
7 [...] x i-laq-qé [...]

8 [šum-ma LÚ lu DUMU LÚ] ù lu DUMU-MÍ LÚ ša ki-i KÚ-BABBAR ù ki-i [ša-pár-ti]
9 [i+na É-šu us]-bu-ni a-na KÙ-BABBAR a-na LÚ ša-ni-em-ma [id-din]
10 [ù ma-am-ma ša-nam-m]a sa i+na É-šu us-bu-ni id-[din]
11 [ub-ta-e-ru-šu] i+na KÙ-BABBAR-šu qa-as-su e-el-[li]
12 [... x]-hír-šu a-na EN mìm-mu-ú id-da[n]
13 [x i+na GIŠ-GIDRI-MEŠ i]-ma-hu-ṣú-šu 20 U_4-MEŠ ši-pár LUGAL e-pa-aš

14 [šum-ma LÚ lu DUMU LÚ] ù lu DUMU-MÍ LÚ ša ki-i KU-BABBAR ù ki-i ša-pár-ti
15 [i+na É-šu us-bu-ni] a-na KUR ša-ni-ti a-na KÙ-BABBAR id-din
16 [ub-ta-e-ru-šu uk-t]a-i-nu-šu i+na KÙ-BABBAR-šu qa-as-su e-el-li
17 [... x-hír-šu a-na E]N mìm-mu-ú id-da-an
18 [x i+na GIŠ-GIDRI-MEŠ i]-ma-hu-ṣú-šu 40 U_4-MEŠ ši-pár LUGAL e-pa-aš

19 [*šum-ma* LÚ *ša id-di-nu*]*-ni i+na* KUR *ša-ni-ti mé-et?*
20 [*nap-ša-a-te ú-ma-a*]*l-la* LÚ*-aš-šu-ra-iu-ú ù* MÍ*-aš-šu-*⌜*ra*⌝*-i-*tu_4
21 [*ša a-na* ŠÀM *ga-me*]*-er la-qú-ú-ni a-na* KUR *ša-ni-ti* [*i-na-ad*]*-din*

22 [*šum-ma* LÚ *lu* GUD *lu*] ANŠE *lu* ANŠE-KUR-RA *ù lu mìm-ma lu ú-*[*ma-am-šu*]
23 [*ša ki-i ša-pár-ti i+na*] É*-šu us-bu-ni a-na* KÙ-BABBAR *id-*[*din*]
24 [... *ú-ma-ma i*]*d-dan* KÙ-BABBAR *la ú-tar šum-ma ú-*[*ma-ma la id-din*]
25 [*i+na* KÙ-BABBAR*-šu qa-as-s*]*u e-el-li* EN *mìm-mu-ú ša* [*ú-ma-am-šu*]
26 [*i+na* É LÚ *us*]*-bu-ni ú-ma-am-šu i-ṣa-bat m*[*a-hi-ra-nu*]
27 [*ša-a ú-ma*]*-mi* KÙ-BABBAR*-šu i+na* UGU *ta-di-na-*[*ni* ...]

28 [*šum-ma* LÚ *iš-tu*] ⌜*ú?*⌝*-šal-lì-ma lu* GUD *lu* ANŠE *lu* ANŠE-[KUR-RA]
29 [*ù lu* ... *iš-ta-ri-i*]*q? ki-i ši-mi tar-ṣi a-na* L[Ú *i-ti-din*]
30 [*ù ma-hi*]*-*⌜*ra*⌝*-nu la i-de ši-ma* [*tar-ṣa*]
31 [*a-na* LÚ *i-di*]*n šur-qa am-mar e-*[...]
32 [*ta-di*]*-na-nu ú-m*[*a-al-la*]

33 [...] x *ta lu ú-*⌜*ma?*⌝*-ma ù l*[*u* ...]
34 [...] *ù* LÚ-MEŠ *še-bu-t*[*u* ...]
35 [... E]N *mìm-ma an-ni-e* x x [...]
36 [... *in-na*]*-ad-di iṣ-ṣa-bat ù* LÚ [x] x x [...]
37 [... E]N *mìm-mu-ú mìm-mu-šu* [*la?*] ⌜*i*⌝*-l*[*aq-qé* ...]
38 [... *i+na* UG]U *ta-di-na-ni i-laq-qé* ⌜*ma*⌝ [...]
39 [...] x *il-qé-ú-ni ù i+na qa-ti-*[*š*]*u* [...]
40 [...]*-ni i+na* UGU LÚ *ša id-di-na-aš-š*[*u-ni* ...]
41 [... *t*]*a-d*[*i*]*-na-nu ha-laq mìm-mu-šu la* [...]
42 [...] ⌜*e-mu-ru*⌝*-ni ú-ba-ar-*[*ru* ...]
43 [...] *ta* [...]

KAV143 VER+KAV6

1 [...] *ša i*[*d?* ...]
2 [...] *i-laq-qé ù la-qé-*⌜*a*⌝*-*[*nu* ...]
3 [...] *ša a-na* KÙ-BABBAR x [...]
4 [...] 2 MÁŠ-MEŠ *a-na* EN KÙ-BABBAR x [...]
5 [...] x *it-tal-ka-ma mìm-ma ša* [...]
6 [...] x *i+na* UGU*-šu la i-l*[*aq-qé* ...]

7 [...] *ù lu mìm-ma ša ki-i ša-pár-ti* [*ša-ak-nu-ni*]
8 [*i+na* É *aš-šu-r*]*a-ie-e us-bu-ni ù e-da-nu e-*[*ti-qú-ni*]
9 [*up-pu la-qé qa-b*]*i-ú-ni šum-ma* KÙ-BABBAR *am-mar* ŠÀM*-šu ik-*[*ta-šad*]
10 [... *up-pu-u*]*š la-qé šum-ma* KÙ-BABBAR *am-mar* ŠÀM*-šu la ik-*[*ta-šad*]
11 [...] *ú-pa-aš-ma i-laq-qé-*[*ma?*]
12 [...] x *ú-ša?-ad-di* SAG-DU KÙ-BABBAR*-ma* x-[...]
13 [*tu-a-ru ù da-ba-bu*] *la-aš-*[*šu* ...]

KAV6 VER+KAV143

3 [šum-ma LÚ lu] ú-ma-ma ù lu mìm-ma ša-na[m-ma]
4 [iš-ta-ri-iq ub]-⌜ta⌝-e-ur-šu uk-ta-i-nu-[šu]

5 [šur-qa] id-dan 50 i+na GIŠ-GIDRI i-ma-hu-ṣú-[uš/šu]
6 [x U_4-MEŠ ši-pár LUGAL] e-pa-aš de-na an-ni-a LÚ-DI-KU_5-MEŠ K[UR?]
7 [i-din-nu šum-ma] ik-tal-da-ma šur-qa am-mar iš-r[i-qu-ni]
8 [a-na ŠÀM ga-me-e]r e-a-ṣi ù ma-a-ad-ma [ú-tar]
9 [hi-ṭa-šu] LUGAL ki-i lìb-bi-šu e-em-mi-⌜is⌝-[su]

10 [šum-ma DUMU? LÚ] ⌜ù⌝ lu ÌR mìm-ma šum-šu gab-ba qí-ip-[ta]
11 [is-ta-ri-iq ù] a-na maš-ka-ti i+na ki-di ša-ak-na-a[t]
12 [ù LÚ ... š]a maš-ka-tu_4 i+na É-šu ša-ak-nu-tu-[ni]
13 [a-na LÚ ...] ša É-su qí-pu-ni la iq-[bi]
14 [mìm-mu-ú i+na qa]-ti-šu it-ta-aṣ-bat
15 [...] x LÚ šu-ut šur-qa i-na-aš-[ši]

16 [šum-ma LÚ ...] ša tap-pa-i-šu ú-ta-tir
17 [... ub-ta-e-r]u-šu uk-ta-i-nu-šu
18 [...] šu-ut ù hi-ṭa ša LUGAL
19 [ki-i lìb-bi-šu] e-em-mi-du-uš

20 [šum-ma LÚ DUB?-SAR?] ú-ta-tir il-ta-ṭar
21 [...] um-mi-a-na-ti še-lu-e
22 [ub-ta-e-ru-šu] uk-ta-i-nu-šu
23 [...] x-ti il-ṭu-ur-ni
24 [... i+na G]IŠ-GIDRI i-ma-hu-ṣú-šu
25 [...]-im qa-at um-mi-a-[na-ti]
26 [...] ⌜DUB⌝-SAR ù [...]

KAV3

1 [... a]b-bu [...]
2 [...] x [x] a-na LÚ!-GAL-KÁ [...]
3 [...] i-qa-bi-às-su [...]
4 [...] x-x-ri-is a-la-ka la i-[...]
5 [...] x-nu a-hi-šu i-qa-bi [...]
6 [...] i+na de-ni-šu a-bi [...]

7 [šum-ma ...]-ub LUGAL i[d-...]
8 [... M]A?-N[A? ...]

KAV4

1 [...] x-x-x
2 [ub-ta-e-ru-u]š uk-ta-i-nu-u[š]
3 [...] x-ši ub-bu-lu-ni x [...]
4 [x i+na GIŠ-GIDRI-MEŠ i]-ma-hu-ṣú-uš iš-tu gi/im-[...]
5 [...] x 30 MA-NA AN-NA x [...]
6 [...]-ma re-ha-ti 15 MA-N[A ...]
7 [...] x DUMU-MEŠ LUGAL LÚ-DI-KU_5-MEŠ [...]
8 [...]-ni ub-bu-lu-ni ki-i ša LU[GAL ...]
9 [... š]a' ki-di a-na UGU DUMU hu-x-[...]
10 [...] LUGAL ma [...]

11 [šum-ma ...]-bu-šu im-ha-aṣ ub-[...]
12 [...] a-na SAG si-[...]
13 [...] ša [...]
14 [...] 1 MA-NA x [...]
15 [...] pa ku su uš [...]

16 [šum-ma ...] gab-bu am-mar qi-[...]
17 [...] lim-hur ù šum-ma iš-t[u ...]
18 [...] iṣ-bat ù ši-ip-[ra/ru ...]
19 [...]-qi la i-pa-an-ni x [...]
20 [...] ig-ri-ša la i-ṣa-l[a-a ....]
21 [...] EN ši-ip-ri [...]

22 [šum-ma ...] x qi ki ip e-piš [...]
23 [...] i-ša-ku-nu x [...]
24 [... um]-mi-a-ni pa-ni-[i ...]
25 [...] x um-mi-a-ni [...]
26 [...] ù x [...]
27 [...] x i [...]

KAV5

1 [...]
2 [...] x
3 [...]-du
4 [...] x
5 [...] x-ku
6 [...] x
7 [...] x
8 [...] x
9 [...] x

KAV5 II

1 a-na [...]
2 UDU ša x [...]
3 ù šum-ma x [...] lu [x] i-[š]a? x [...]
4 i+na pí-it-qí ša tap-pa-i-šu U[DU? ...]
5 ú-ša-áš-ni-ma šu-ú-ma ša [...]
6 LÚ-na-ši-a-na ša UDU 1-me i-n[a GIŠ-GIDRI i-ma-hu-ṣu-uš]
7 i-ba-qu-nu-uš 1 ITU U$_4$-MEŠ ši-p[ár LUGAL e-pa-áš]
8 ù šur-qa ša UDU ⌜i⌝-[na-áš-ši]

9 LÚ-SÍB su-gul-li ša ANŠE-KUR-R[A-MEŠ ...]
10 ba-lu EN-šu ša-a-li lu a-na KÙ-BABBAR [lu a-na ...]
11 la i-da-an i+na qa-ti-šu l[a ...]
12 [LÚ-S]ÍB [s]u-gul-li ù ma-hi-r[a-nu ša ú-ma-mi]
13 [...] ú-ma-ma ša id-di-[nu-ni]
14 [...]-x-šu i-na-qu-ru [...]

15 [...] ša É-GAL [...]
16 [... i]m-ta [...]
17 [...] ta [...]

KAV193

1 [... i-l]aq-qe-ú

2 [... i]-ša-aq-qé
3 [... i]-ša-aq-qé

4 [...] ⌜3⌝ LÚ-MEŠ 1 LÚ
5 [...] ša URU ma-e-ni
6 [... la]-aš-šu i+na U$_4$-me ke-se-ra
7 [...] x e-pu-šu ú-šal-lu-mu

8 [...] ⌜e⌝-pu-šu a-na 1 MU šu-nu
9 [... i-ba]-áš-ši-ú-ni
10 [... qe-p]u-tu ù! 1 LÚ-qa-ti-nu
11 [... ša L]UGAL iz-za-zu
12 [... a-na š]i-pi-ir-ti LUGAL
13 [... ú-ša]l-lu-mu

14 [...] ú-še-ṣu-ú-ni
15 [...] ú-še-ṣu-ni
16 [...] x-ru-šu-nu
17 [...] ú-še-pu?-šu-šu-nu

18 [...]-*šu ú-kal-lu-ni*
19 [...]-x-*ar*

AFO12,T.5,1

1 [...]x *ù* x x[...]
2 [...]x *ù šu-ut ki* x [...]

3 [...]x *ša* LUGAL *la-a t*[*a-laq-qé*]
4 [... *qa-t*]*a-te* KÙ-BABBAR *i+na* UGU x[...]
5 [... *qa-ta-t*]*e la-a ta-laq-qé qa-*⌜*ta*⌝-[*te* ...]
6 [... *qa-ta-t*]*e la-a ta-laq-qé qa-ta-*⌜*te*⌝ [...]

7 [... KÙ-B]ABBAR *lu-ú-še-lu mìm-ma qa-ja-pa nu t*[*e* ...]
8 [...]·MU-MEŠ *le-eš-hu-ut lu-ú ša* x[...]
9 [... M]EŠ *an-na-te* KÙ-BABBAR *ù mi-it-har-šu* [...]

AFO12,T.3,2

1 [...]x[...]
2 [...]x[...]
3 [... *i-n*]*a* UGU-*šu b*[*u*? ...]
4 [...]x-*ti la ta-laq-q*[*é* ...]

5 [...] *a-na* LÚ-*ub-ri* [...]
6 [...]x x[...] *ša ša-ak-nu-ni* [...]

7 [... DU]MU KUR-*šu ul ta ta i id ma i*-[...]
8 [...]x *ub-ta-e-ru-uš uk-ta-i-nu-*[*uš* ...]
9 [...]x *i+na ku si i-ga-mar-šu ù*[...]

10 [...] *ir*? LÚ-DI-KU$_5$ *hab-bu-la-aš-šu a-na* ⌜É⌝-[*šu* ...]
11 [... LÚ-D]I-KU$_5$ *hab-bu-lu la e-pal šum-ma* [...]
12 [...]*ša* EN *de-ni-šu e-*x[...]

13 [...] x x *ú-ka-lu-*⌜*ni*⌝ [...]
14 [...]? *šul-ma-nu/n*[*a* ...]
15 [...]*a* x[...]

AFO12,T.6,1 REC

1 [...] ⌜i⌝-na ra-mi-ni-š[u]
2 [...]x ab? ab? x ù x ma-a pu-uš-ra-n[i]
3 [GIŠ-M]Á š[i]-⌜i⌝-it p[u-uš?]-ša-ru-ša lu iṭ-bu lu in-ni-e
4 [GIŠ-M]Á a-di ma-ni-[h]a-te-ša lu ra-bi-ú
5 [ša i]š-pu-ru-šu-ni ù lu šu-ut-ma ša GIŠ-MÁ
6 [ú]-ta-e-ra-ni ú-ma-al-lu-ú LÚ-MA-LAH$_4$
7 [ša-M]U LUGAL la iz-ku-ru-ni-šu-ni la i-tu-ur-ra

8 [šum-m]a GIŠ-MÁ lu iš-tu e-li-iš iq-qa-al-pu-a
9 [ù] lu iš-tu e-be!-er-ta!-àm e-be-ra i-na ša-ha-at [x x]
10 [na-b]i-li lu GIŠ-MÁ ma-li-ta im-ha-aṣ-ma ú-[ṭe-ib-bi]
11 [lu GI]Š-MÁ ra-aq-ta-ma im-ha-a[ṣ-ma]
12 [GIŠ-MÁ] mi-ma ma-ni-ha-te am-mar i-hal-l[i-qu-ni]
13 [... GIŠ-M]Á ma-hi-il-⌜tu⌝ [...]
14 [...]x za? x[...]
15 [...]

AFO12,T.6,1 VER

1 [...] x x [...]
2 [...]x TÚG-HI-⌜A⌝ [...]
3 <...>

4 [šum-ma LÚ ...] TÚG-HI-A a-di UGU ša har-r[a-ni]
5 [... a-na LÚ]-TÚG a-na ma-sa!-e id-⌜din⌝-a[š-šu]
6 [...] ha-laq-me iq bi mi im m[a ša]
7 [hal-q]u-ni SAG-DU-ma a-na x[x]
8 [ú-mal-la] ù šum-ma ki-i a-na KÚ-BABBAR id-di-nu-ni!
9 [...] it-ta-áš-me
10 [ub-ta-e-ru-uš] uk-ta-i-nu-uš
11 [...] iṣ-ṣa-ab-tu ša LÚ [...]
12 [...] x šur-⌜qa⌝ ⌜a⌝ [...]
13 [...]

AFO12,T.6,2

1 [šum-m]a LÚ i-na ṣa-al-ti a-na LÚ [... iq-bi]
2 ma-a ši-il-la-ta ta[q-bu-ú ...]
3 ù É DINGIR tu-uh-tam-mi-iṣ laq-[...]
4 40 i-na GIŠ-GIDRI i-ma-hu-ṣú-uš [x x U$_4$-MEŠ-te ši-pár LUGAL e-pa-áš]

5 šum-ma LÚ i-na ṣa-al-ti a-n[a LÚ? ... iq-bi]
6 ma-a ši-il-la-ta [taq-bu-ú ...]
7 ù É DINGIR tu-uh-[tam-mi-iṣ ...]
8 ba-ú-ra ⸢la⸣a i-la-'-e la-a ú-ba-e-er]
9 LÚ šu-a-[tu x i+na GIŠ-GIDRI i-ma-hu-ṣú-uš]
10 1 ⸢ITU⸣ [U$_4$-MEŠ-te ši-pár LUGAL e-pa-áš]

AFO12,T.5,2,I REC

1 [šum-ma LÚ ... a-na DU]MU-MEŠ-šu i-ši-im
2 [...]zu a x e-pu-šu

3 [...]x zu-ma ṭe-em-šu ⸢ša?⸣-ni-šu
4 [...] É-šu la i-ši-am
5 [...]x x x e-pu-šu-ni
6 [... il?]-lu-ku
7 [...] ur
8 [...]x
9 [...]

AFO12,T.5,2,II REC

1 i-na U$_4$-MEŠ x x[...]
2 É-HI-A ša x[...]
3 ÌR-MEŠ i-zu-z[u ...]
4 ù GIŠ-ŠAR-MEŠ [...]
5 ur-ki an-ni-e [...]
6 ṭup-pa-te ša x[...]
7 ù še-bu-ti am-ma[r ...]

8 [šum-m]a ŠEŠ-MEŠ É a-bi-[šu-nu i-zu-zu]
9 [GIŠ-Š]AR-MEŠ ù PÚ-ME[Š i-na qa-qi-ri ... DUMU GAL-ú]
10 [2 qa-t]a-ti i-n[a-sa-aq i-laq-qe ù ŠEŠ-MEŠ-šu]
11 [ur-ki a]-ha-iš i-na-[su-qu i-laq-qé-ú i-na A-ŠÀ ši-luh-li]
12 [mi-im-ma ù] ma-ni-[ha-a-te gab-be DUMU-ú ṣe-eh-ru úš-sa-aq]
13 [...]

AFO12,T.5,2,I VER

1 šum-ma ⸢EN⸣ [...]
2 A-HI-A ši-na x[...]
3 ú-bar-rù ù id-[du-nu ...]

4 [šu]m-ma i-na A-GÀR i-na lìb-bi [PÚ-MEŠ A-MEŠ ša a-na ši-qí a-na ša-a-ni il-lu-ku-ni]
5 i-ba-aš-ši EN-MEŠ [A-ŠÀ-HI-A iš-tu a-ha-iš iz-za-zu LÚ a-na si-ir A-ŠÀ-šu]
6 KIN e-pa-áš A-ŠÀ-šu i-[ša-aq-qé ù šum-ma i-na lìb-bi-šu-nu]
7 la ma-ag-ru-tu i-ba-[aš-ši ma-ag-ru ša lìb-bi-šu-nu LÚ-DI-KU$_5$-MEŠ]
8 i-ša-'-al ṭup-pa ša ⸢LÚ⸣-[DI-KU$_5$-MEŠ i-ṣa-bat ù KIN e-pa-áš
9 A-MEŠ šu-na-tu-nu a-na r[a-mi-ni-šu i-laq-qe ...]

AFO12,T.5,2,II VER

1 [...] x [x]
2 [...] x
3 [...]x x[x] x uš-šu-ra-šu
4 [...]ki ib-tuq 1 MA-NA ṣar-pa id-dan
5 [... M]A-NA ṣar-pa id-dan [...]
6 [... 1] GÚ-UN AN-NA id-d[an ...]
7 [... š]ur-qa id-d[an ...]
8 [...]x x-ab-bu-šu i-na ki-si
9 [...]x x x[x]x i-laq-qé-ú

IRAQ35,T.12,4

1 šum+ma ⸢lu⸣ DAM LÚ ù lu DUMU-[MÍ LÚ a-na É DINGIR te-ta-ra-ab]
2 i+na É DINGIR mìm-ma Š[A! eš-re-ti ta-al-ti-ri-iq i+na qa-ti-ša iṣ-ṣa-bi-it]
3 ù lu-ú ub-ta-e-ru-š[i ù lú-ú uk-ta-i-nu-ši ba-e-ru-ta i-laq-qe-ú-ma DINGIR i-ša-'-lu]
4 ⸢ù⸣ ki-i ša DINGIR [a-na e-pa-še i-qa-ab-bi-ú-ni e-ep-pu-šu-ši]

5 ⸢šum⸣+ma lu DAM LÚ ⸢ù⸣ [lu DUMU-MÍ LÚ ši-il-la-ta tàq-ṭí-bi]
6 ù lu-ú mi-qit [pe-e tu-ur-ti-i-ši MÍ ši-it a-ra-an ša]
7 ta-na-aš-ši ⸢a⸣-[na mu-ti-ša DUMU-MEŠ-ša DUMU-MÍ-MEŠ-ša la-a i-qar-ri-bu]

8 šum+ma LÚ ⸢lu⸣ [ma-ri-iṣ ù lu me-et DAM-su i+na É-šu mìm-ma tal-ti-ri-iq]
9 [l]u a-na [LÚ ù LU a-na MÍ ù lu a-na ma-am-ma ša-ni-em-ma]
10 x-x [...]